Pride of The Park

進士五十八

日比谷公園

一〇〇年の矜持《きょうじ》に学ぶ

鹿島出版会

西洋のオリジンを
いかに日本化するか、自分化するか。
その姿勢と努力を、
本多静六の日比谷公園設計図は物語っている。

——1章〝西洋〟の受容（三五頁）

後に公会堂の
敷地となる一帯が割愛されて狭まるが、
皇居のすぐ近く都心中の都心に
これだけ大勢が集まれる
広場が存在するのに
政治的に利用されないわけがない。
――6章 波瀾万丈伝Ⅱ――国家広場（九八頁）

自主的に公園を開き、招き入れて
人びとを救おうという考え方は、
東京市の公園担当者が日ごろ
「非常時の公園の使命」を自覚していた
ことからの帰結にほかならない。

――5章　波瀾万丈伝Ⅰ――震災と戦災（八八頁）

庭園でも公園でも、造園空間というものは
これからも、本質的には動・植物の共存する
景観世界でなければならないことを
確認しておかなければならない。

――4章〝生き物文化〟公園（六九頁）

その人なりの波瀾万丈伝があるように、
「公園」も時間（歴史）が積み重なり、
その地域住民とコミュニケーションの
永い永い交歓史が描かれれば、
すでにそれは「文化」と
呼べるものになっている。

――10章　歴史的公園をめざせ（一六九頁）

「自分のこれからの仕事場をみたとき、
私は本当に決心がつきかねた。
大災後とはいえ、
公園の一隅にただ木製のブランコ数台と、
そしてこれも木製のスベリ台が二台、
さびしく並んでいるだけの場所でしか
なかったからである」（末田ます、一九四二年）。
――7章　末田ますの〝ネーチュアスタディ〟（一一三頁）

「日比谷公園一〇〇年記念事業」は、
単なる記念イベントではなかった。（……）
むしろ新しい公園経営の模索が求められており、
パークマネジメント時代の試金石となる
一大チャレンジに直面していた。

——8章 イベント・オリエンテッド（二二九頁）

「都市風景が緑地に負うこと厚く、（……）
緑地造園計画とこの管理経営は
都市美の保存と発達の上に大なる使命を
負うものである」（井下清、一九三七年）。

——11章　井下清と公園経営（一九六頁）

都心の、まったく地形的に平坦な矩形敷地に、
新規に設計する、しかも洋式公園の図案が
求められている。それがなぜ、
本多案のような複雑な図案になるのか。

——2章 本多静六の設計術（四四頁）

日比谷公園には、その大地性、場所性、
自然性、時代性、そして百余年の歴史性と
公園生活性が掛け合わさって
「日比谷公園力」と「公園文化力」が
醸成されている。それが眼前の
景観や空間を、並の公園とは
大きく差別化して見せているのだ。

――12章 パークマネジメントのこれから（二一七頁）

フローリン'82

明治の末の庶民は、
まだ江戸の生活にどっぷりつかっていた。
花菖蒲、朝顔、菊しか見ていない人びとに
チューリップやパンジーを、しかも
西洋花壇の形式で観賞させたのである。
——3章　三つの洋と憧憬の世界（五七頁）

「多様化」「多趣味」が進んでいる。
利用目的が曖昧な
「ぼんやり」「なんとなく」に
対応できるデザインや
サービスを計画しなければならない
――9章 空間と利用の多様性(一三五頁)

日比谷公園　一〇〇年の矜持《きょうじ》に学ぶ

N
至・桜田門
霞ヶ関
祝田通り
至・神田　皇居前広場→
祝田門
健康広場
震災対策用
応急給水施設
三笠山
防災備蓄
倉庫
草地広場
テニスコート
陳列場
晴海通り
治35年植栽
開設時からの並木
日比谷公園
サービスセンター
桜門
梅林
日比谷茶廊
第一花壇
（バラ園）
大噴水
小音楽堂
旧日比谷公園事務所
（フェリーチェガーデン）
日比谷
パークセンター
ユリノキ並木
日比谷花壇
心字池
日比谷門
日比谷通り
有楽門
日比谷交差点
至・大手町→

日比谷公園園内図（2011年5月現在）

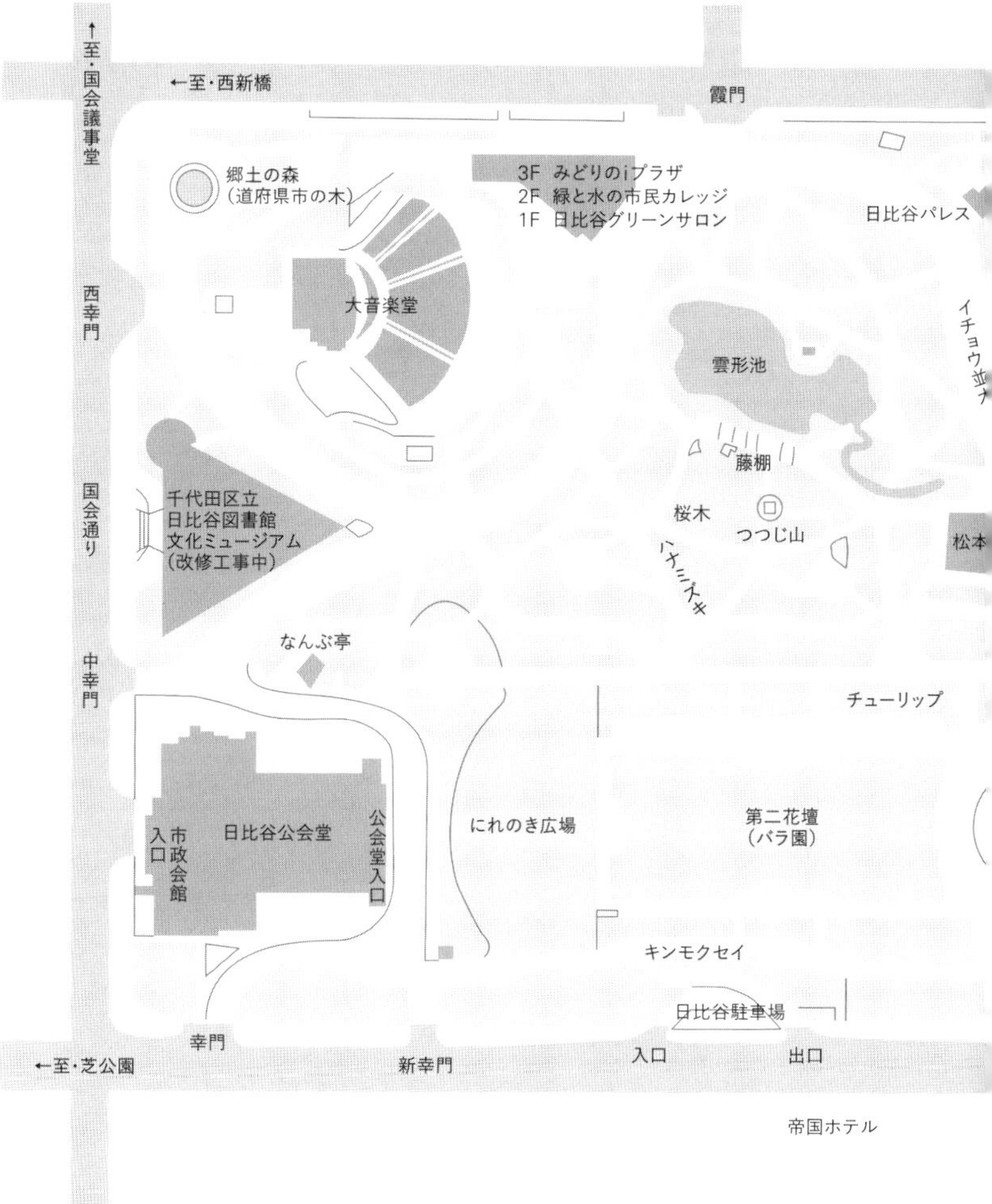

↑至・国会議事堂
←至・西新橋
霞門
郷土の森
（道府県市の木）
3F　みどりのiプラザ
2F　緑と水の市民カレッジ
1F　日比谷グリーンサロン
日比谷パレス
西幸門
大音楽堂
イチョウ並木
雲形池
藤棚
千代田区立
日比谷図書館
文化ミュージアム
（改修工事中）
国会通り
桜木
つつじ山
ハナミズキ
松本楼
なんぶ亭
中幸門
チューリップ
市政会館入口
日比谷公会堂
公会堂入口
にれのき広場
第二花壇
（バラ園）
キンモクセイ
日比谷駐車場
幸門
←至・芝公園
新幸門
入口
出口
帝国ホテル

目次

［写真・図版クレジット］

山岸 剛
pp.1-16, 23, 28, 36-37, 45, 50-51, 62-63, 82-83,
94-95, 102, 106-107, 116, 120-121, 132-133,
152-153, 172-173, 189, 204-205, 219, 220-221

東京都公園協会
p.34, 48, 71, 74上, 75上, 87, 88, 91, 92,
101, 126, 128下, 129, 130, 198, 212

朝日新聞社
p.80, 128上

文藝春秋
p.53

読売新聞社
p.100

進士五十八
pp.40-42, 74下, 75下, 115上, 165, 208, 217

1章 〝西洋〟の受容

シンメトリー・軸線構成

大阪、四天王寺に出かけた。

聖徳太子の寺で知られ、学校の教科書でも有名だ。社会科の時間に、寺院の伽藍配置に法隆寺型と四天王寺型のふたつがレイアウトされていたことはおぼえている人も多いだろう。

五重塔に登ったが、まさしく教科書で見た四天王寺型の配置であった。建築はすべて鉄筋コンクリートに変わって、塔から見える風景も難波の津ではなく高層マンション群になっているが、この寺の境内だけは何も変わらない。周囲をキチンと回廊で囲み、金堂、講堂と中門、五重塔が軸線上にきれいにのっている。

造園デザインの原理でいえば、きわめて端正な整形式で構成されているのである。

西洋庭園はシンメトリカルな原理で構成された整形式、東洋庭園はアシンメトリー、バランス原理の風景式。これは高校生でもよく知っている話である。

しかし、四天王寺の配置でも、後世の禅宗寺院の七堂伽藍でも、秩序と権威の空間構成では、シンメトリー、軸線構成が活用されていることが多い。中国の紫禁城はもとより、唐の長安や、長安をモデルにした平城京や平安京もその原理でできている。みんな東洋のことだから、軸線イコール西洋という考え方は正しくない。

ただ私はここで、シンメトリー構成が西洋の専売特許かどうかを議論したいわけではない。四天王寺境内での空間利用の実情を目のあたりにして、日本人の空間観、環境観といったことを、日比谷公園の成立過程でいえば、日本人の〝西洋〟的なるものの〝受容〟のし方、について考えてみたいのである。

四天王寺境内の日本的にぎわい

上空写真でみればおそらく、見事な矩形で区画され回廊で囲まれた伽藍と、これをとりまく境内地、そしてここへのアプローチである長い参道と仲見世。そこには、回廊のなかの整形的秩序と、まったく異なったきわめていい加減で自由気ままな、強いていえば日本的界隈性の秩序が広がっている。直線構成に対して自由曲線、自然的構成とでもいおうか。

いろいろな商品を並べるテントがいく張りも門前に市をなしている。お客が通れるほどの適当な幅を空けてはいるものの、じつに気ままに出店し、うしろに物も置いている。

大景観、由緒ある寺院の格式を示す伽藍だけは、ある種の景観秩序によって空間のフレームを形成しようとしている。それなのに、その前にひろがる小景観は、それを嘲笑《あざわら》うように展開している。参拝者やお客たちもまた、その気楽さを歓迎しているようだ。釈迦如来像の前に立ったときの緊張感との対比を演出するかのように、門前の雰囲気はじつにおおらかで、無秩序感あふれるものである。

そういえば、京都盆地に造成された平安京と現在の京都の市街地は大幅にズレている。加茂川が邪魔をしたはずなのに、平安京の中心軸は、次第に東に寄り、東山山麓を郊外から市街地にかえてしまったのである。

どうも人びとは、お上が計画的に造成整備した平安京を自分たちの好みで少しずつ改造して、いまの京都につくりかえてしまったのである。

新調の仕立服を着馴らして、自分にとってまったく違和感のない着なれた普段着にかえてしまうように、自分化する。わが肉体の一部かと錯覚するほどにとけ込ませてしまうのだ。大阪市民は、国家的権威の四天王寺でさえ、通天閣下の新世界のように庶民のまち、庶民の集う気楽な広場に変身させてしまったのである。

私が言いたい日本人の外来文化の〝受容力〟——〝昇華・消化力〟とは、そういうことである。

グリッドパターンかコンタースケーピングか

しつこいようだが、もうひとつみておこう。筑波大学と、国の研究機関をほとんど移して筑波研究学園都市をつくった。国策、ナショナルプロジェクトということもあって、インフラも十分に整備され、公園緑地や街路樹網もじつに理想的な規模で確保された。つくばの敷地全域が平坦な平地林や畑地で展開していたのが理由でもあったのだろうが、道路や公園も教科書どおり都市計画の近隣住区論で構成されている。機能的にも十二分な計画であったといえる。

これに対して多摩ニュータウンは、山あり谷戸あり沢ありの多摩丘陵に展開された。公団、公社、都の住宅局などいろいろな事業主体が、それぞれにがんばったということもある。旧来からの市街地や農村集落を包みながら、開発計画も数次にわたって策定された。

そして、数十年経った。ニュータウンと呼ぶのをためらうほどに時間が経過した。そんないま、個人的感想をいえば、旧集落と連続する多摩ニュータウンのほうが筑波より人間化してきたようにみえる。

身勝手な部外者的結論を言えば、どうも私たち日本人は機能論でキチンと組み立てられた合理的かつ完璧な計画的環境はニガ手なのではないか。もちろん不合理きわまりない自然発生的環境を理想とは思っていないのだが、完璧なものも好まない。

主語がない。「どうも、どうも」型の〝あいまいの美学〟が、日本人に潜在する気がしてならない。論理性よりも情緒性を優先してきた民族だったのではなかろうか。

サンフランシスコでケーブルカーに乗った人は少なくないだろう。あれだけアップダウンのある地形の上に街区を計画するのに、アメリカ人たちは完全なグリッドパターン（直角格子型道路網計画）を採用した。だから、どうしてもケーブルカーが必要になった。いまのような自動車社会でならわからなくはないが、なぜ、あれほどグリッドパターンにこだわったのだろう。日本人なら間違いなく、地形に沿って斜路を入れるコンタースケーピング、ネイチャーパターンにし

ただろう。

なるほど、グリッドパターンは、道の東西南北どちらの側でも土地の価値に不平等を生じない。民主主義的表現だ。どうも、グリッドパターンの道路網やワシントンモールにみる明快なランドマークと軸線構成には、アメリカ人、いやキリスト教徒のオーダー（秩序）への憧憬、すなわち人間の意志を表出した空間像へのかぎりない使命感を感じざるをえない。

以上、くどくどと日本人の心情には「整形にあこがれ、整形を拒否する」ような気分が存在したのではないか、ということを書いてきた。文明開化のシンボルとして、首都・東京のドまんなかにつくられた日比谷公園が、なぜあのようなデザインに落ち着いたのか――そのことを考えるバックグラウンドを確認しておきたかったからである。

本多静六の知恵と情熱

二〇〇六（平成一八）年二月に実業之日本社から『本多静六自伝　体験八十五年』が出版された。

そのもとは一九五二（昭和二七）年二月に大日本雄辯会講談社から刊行された『本多静六体験八十五年』である。そのうちの一章に「日比谷公園の設計」がでてくる。

やや長くなるが設計者本人の文章であるから、そのままここに主要部分を紹介しておこう（一六四～一六九頁）。

日比谷公園の新設当時、わが国には洋風の庭園や公園を設計する専門家は一人もなく、日比谷公園の創設は都市における洋風公園の嚆矢《こうし》であった。いわば日比谷公園は近代的洋風公園の父ともいうべきものである。

明治三十三年の秋、私は東京府の多摩川水源調査嘱託として、東京市庁に出入りするうち、たまたま市の顧問であった辰野金吾博士の室を訪れた。そのとき、同氏が日比谷公園の設計図を書いておられたので、話のついでに少しばかり意見を述べたところ、「君はそんなに公園のことを知っているのか、自分は建築のことならともかく、公園のほうは全く初めてだ、実は東京市では日比谷の練兵場跡に大公園を造ることになり、数年来庭師や茶の宗匠などに設計してもらったが、どれもこれも市会を通らない、そして市会の希望は、日本に初めての新設公園だから、だいたい新式な西洋風の公園を造りたいという、その設計を頼まれて困り切っているところだ、君ひとつやってくれないか」といって、むりやりにその地形図を私に押し付けてきた。そこで私もやむを得ず農科大学に持ち帰り、一週間ばかりかかって作った下図を持参したところ、辰野氏は大いに賛成されてさっそく私のことを松田市長に話し、私は市長から改めて公園設計を嘱託されることになった。しかし私もほんとうのところは公園の設計は初めてなのである。僅かに西洋の公園を見てきて、公園に関する本を数冊持っているだけだからはなはだ心細かった。だが、まだ日本には専門家がいないので、私は異常な希望と決心とをもってやり始めたのである。

今日存する日比谷公園の車道、すなわち大道路は、私がフリーハンドで勝手に描き上げたもので、公園敷地四万九千余坪をその大道路によって、だいたい四つに区画し、その一区、すなわちいまの庭球場《テニスコート》、児童遊園、芝生地等のある一区画だけは、純日本風庭園とすることにし、その分だけは当時最もよく日本庭園のことを調べていた小沢圭次郎翁に頼み、他の三区を自分でやることにした。日比谷見附附近の濠は石垣とその上の木を生かしてやや、心字をくずした形の池とし、鶴の噴水のある雲形池は、ドイツのベルトラムの公園書中の模範図をそのまま借用し、他の遊歩道や運動場等もドイツ公園の型をそれぞれ応用してやることにし、公園に使ってある大きな石と、いまでもなお曲がっている黒松とは、主に取り崩された各見附跡の残り物を用い、今日の躑躅《つつじ》園の部分には当時売り物に出ていた大久保の躑躅園を全部五百円で買い上げて移植することにした。そして本公園事業に主として尽力されたのは、当時の市助役吉田弘蔵氏と市参事会会員、のち助役中鉢美明氏とであった。

　いよいよ私が市会に設計案を提出すると、内外からの非難も多かった。あるとき市会で、「何故各門に扉を設けないのか、西洋ではよかろうが日本では夜間に花や木が盗まれてしまう」とだいぶ攻撃された。そのとき私は、「公園の花卉《かき》を盗まれないくらいに国民の公徳が進まねば日本は亡国だ。公園は一面その公徳心を養う教育機関のひとつになるのだ。これは家の中では親の隠しておく菓子までとって食ってしまういたずら子が、一度菓子屋の小僧になると、数日にして菓子に飽きて一向食わないのと同じで、私は公園にたくさんの花卉を植えて、国民が花に飽きて盗む気が起こらないくらいにするのだ」と答弁した。

次に公園に池をつくると身投げの名所になって困ると非難された。それは私も心配し、石垣のすぐ下には石垣の上から直接ドブンと水平に飛び込まないように、一間ほど地面を突き出しておき、その池の周囲にも一間ほどの浅瀬をつくることにした。身投げにはこそこそ歩いて深みに行くような悠長なことではダメで、ドブンとひと思いに飛び込まなければ景気がわるいとみえて、私の設計が図に当たり、一向身投げの名所にもならずに済んだ。

とにかく、私がまだ世間で信用のない若輩なので、設計上の非難攻撃をいろいろ苦心して防がなければならなかった。まず衛生上の意見や常識判断をきくために、世間に信用ある老大家石黒忠悳《ただのり》軍医総監を、花壇の相談相手には花つくりの大家福羽《ふくば》逸人《はやと》氏と植物学の泰斗理博松村任三氏とを、その他土木建築や市政に関する数人の委員を市より嘱託してもらい、私の原案をまずそれらの人々に評議してもらったうえ、いよいよ改めて市会に提出することにした。そうして、小沢翁が受け持ちで設計した日本庭園の分は否決され、私の設計になる三分は幸い全部通過し、明治三十四年着工、同三十六年の六月に開園式を挙げたのである。予算は私の原案二十八万円を、市で金が出せないからとて十七万五千円に減額され、その代わり樹木等はごくごく小さな苗木で十年後に、公園らしい庭になればよいからということで、その多くは私の管理下にある農科大学の苗圃の不用苗木を只《ただ》同然に払い下げて植えつけたのである。現に図書館周囲その他にある樟《くすのき》のごときは、わずか一―二尺の小苗木であったが、いまは目通《めどお》り周り四―五尺、高さ七―八間の大木になっている。

なお日比谷公園の大銀杏《おおいちょう》は、私の指導下に移植したものであるが、それについて星亨《ほしとおる》と首を賭けたという珍話がある。星氏と私と大銀杏を移植して果たして活着するかどうかと猛烈な議論を闘わし、私が男の意地から首を賭けても活着させると断言し、結局私のほうが勝ったという曰く付きのものである。

日本的洋風公園

以上が日比谷公園設計者、林学博士本多静六の設計の経緯と仮開園までのいきさつである。このなかにさえも、数々のエピソードやわが国の公園成立史上の興味深い課題がいくつも散見する。しかし私がもっとも面白いと思うのは、辰野金吾工学博士案［図1］から本多静六林学博士案への転換である。日比谷公園の設計図はいく枚も描かれた。辰野案は、その最終段階で登場したのだがこれも不採用になり、本多案が最後に採択され、工事を急ぎ、そして一九〇三（明治三六）年に仮開園式を迎えたのである。同じ西洋式公園設計図にもかかわらず、なぜ、辰野案はダメで本多案がＯＫになったのだろうか。すくなくとも、その社会的知名度や権威、技術上の力量からみて断然辰野金吾に軍配があがってもよかったはずなのにである。

本多の弁にあるように「世間に信用ある老大家石黒忠悳軍医総監を、花壇の相談相手には花つ

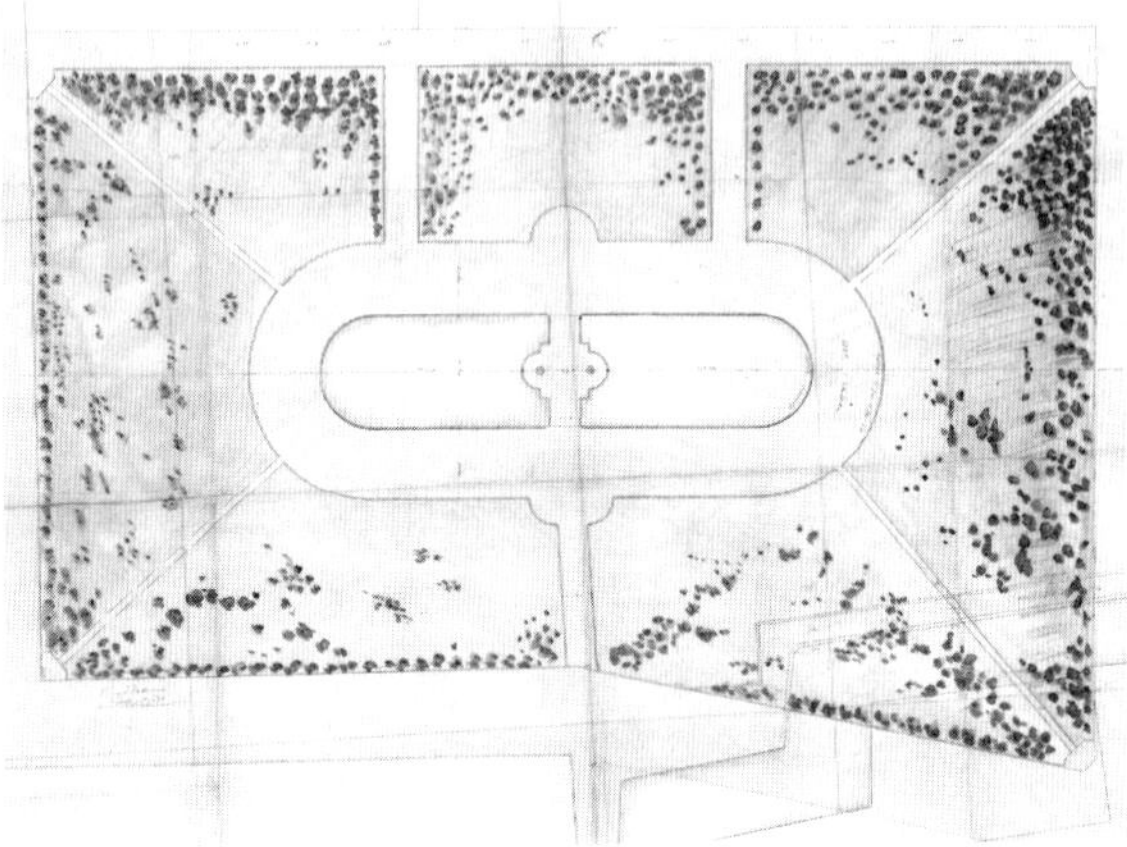

［図1］辰野金吾の日比谷公園設計案原図

くりの大家福羽逸人氏と植物学の泰斗理博松村任三氏とを（……）」と。いま風にいえば、合意形成のためソフト対策にもおこたりなかったこともあっただろう。しかし、何よりも辰野案のダイレクトな整形的都市広場型プランは、あまりにも〝西洋〟そのもので、当時の日本人にはとうてい受け容れ難いものであった。

　これまで縷縷《るる》述べてきたように、四天王寺のように秩序立った神聖な仏世界でさえも、くずした利用で日常化してしまう日本人的感性では、もっと自然風で界隈的雰囲気や奥深さを求めるはずであった。すでに当時の造家学（現在の建築学）では、欧米直輸入型に日本的要素を加えたり、和洋併存、和洋折衷の住居形式を工夫したりしていたから造家学者の辰野はそのことをもちろん承知していたはずである。しかし、辰野は日比谷見附も無視して新地《さらち》にしたうえで設計するなど、すっかり西洋式に図面をまとめている。辰野案の設計図は大きな、しかし柔らかい和紙に描かれている。ラインは烏口《からすぐち》できちんと引かれているが植栽は水彩絵の具で点々と筆をおく程度で、およそ公園林のイメージは強くない。全体の空間構成もじつにシンプルで、奥行き感や深みのない都市広場型プランである。本多の述懐にあるように、東京駅の設計者辰野にとっては義理で引き受けさせられたが、じつのところ迷惑な話で、およそ本多の「異常な希望と決心」とはほど遠かったのではないか。日比谷公園の設計については、ともかく本多静六の「情熱勝ち」という感じである。

日比谷公園の各種プランは次章で検証するが、ぜひともこれらをよく見比べてほしい。「和魂洋才」の言葉があるが、西洋のオリジンをいかに日本化するか、自分化するか。その姿勢と努力を、本多静六の日比谷公園設計図は物語っている。整形式と風景式という分類もできるが、秩序中心型と界隈奥行型のちがい、直接西洋型と間接西洋型、西洋式公園と洋風公園のちがいとも言える。

そこには、日本人が西洋文明を、いかにして洋風の日本文化に転換しようとしたかが窺われて興味深い。

じつはもうひとつ、付録がある。日本の造園学の発祥は、日比谷公園からさらに一〇年後の、明治神宮の林苑計画を待たなければならず、その中心となったのは東京帝大農科大学の林学と農学（園芸学）の教授たちであった。もしも辰野金吾が日本初の洋風公園・日比谷の設計に情熱を燃やしていたら、日本の造園学は工学部系で花開いたかもしれなかったのである。

2章　本多静六の設計術

前史——洋風への期待

日比谷公園のおもしろさは、できるまでと、できてからの両方にある。できるまでには、本多静六の案に収斂《しゅうれん》するまでに何案もの設計案が登場したという前史がある。その主要な観点は、〝当時の日本人が「西洋」というものをどのように受容したか〟であった。〝真正西洋式〟ではなくて、〝洋風—西洋らしさ〟をいかに求めたか、ということである。

日比谷公園は、最終的に本多静六案で施工され、一九〇三（明治三六）年六月一日に仮開園式が挙行されるが、「自今、公園ト定メ日比谷公園ト称ス」と東京市告示が出されたのは、その一〇年も前の一八九三（明治二六）年一月三一日であった。一〇年間の前史があったのである。これを私の研究から年表として整理してある。巻末に付すのでご覧いただきたい。

年表中に、本多案に先立つ五つの図案のいきさつ、位置づけも明記した。以下、経過を略述すると次のようになる。

一、一八九三（明治二六）年に公園地を引きついだ東京市はその直後の五月に「市独自案」を立案。――周囲は植込、中間は芝生の野地。数ヵ所に入口、幅員一〇間の道路（園路）を開いて車馬の馳駆を許す。

二、同年六月に日本園芸会（花房義質会長、福羽逸人・田中芳男副会長）は府知事に対し同会に設計を委託するよう要請。併せて一万円相当の樹木の寄付をしたいと申し入れ、翌一八九四年六月、知事に三案を提出［図1、2］。市が関心を示したのは「田中案」――公園門六、夜間閉鎖。大道幅六間、小道幅一～一間半。草野に植栽、石は配せず。運動場を設ける。公園看守人宅をつくり門衛を兼ねる。

三、一八九八（明治三一）年一一月、市会議員四名よりなる「公園改良取調委員、開設意見」市会議長報告。当時東京市の公園掛の主任であった長岡安平の設計と思われる［図3］。――中央に芝生地、周囲に枳殻《からたち》、椎樹《しいのき》、雑木、楓、そのほか松、竹、梅、杉、樅《もみ》、桜林を配植。園内道路は八間、四間、三間の三種。四阿《あずまや》六、茶店に貸与。電灯かガス灯設置。工事費一三万三一二七円と積算。この案は一八九九（明治三二）年一月市参事会で審議されたが、「本市公園は従来社寺を主とするもので、日比谷公園は市自ら経営する最初の公園である以上なるべく慎重を要するから、設計考按を辰野博士に依頼しその報告を待って着手すべし」と、洋風への期待を明確にした。

本多が見抜いた「公共造園の特質」

以上各図面の基本方針、コンセプトや施設をトレースして総合的に概観していくと、おもしろ

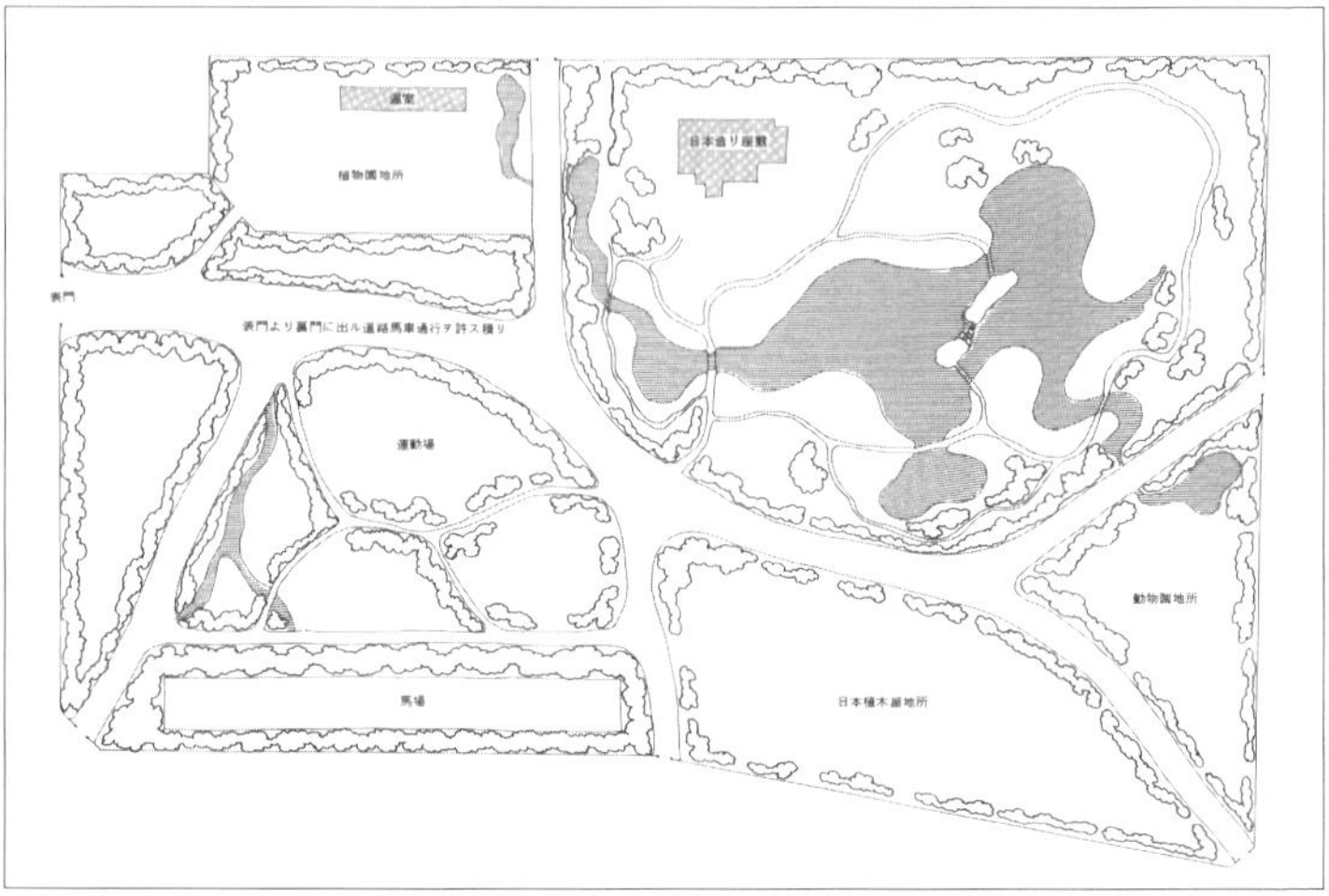

［図1］ 日本園芸会（小平義親）設計案。明治27年8月の原図をトレースしたもの

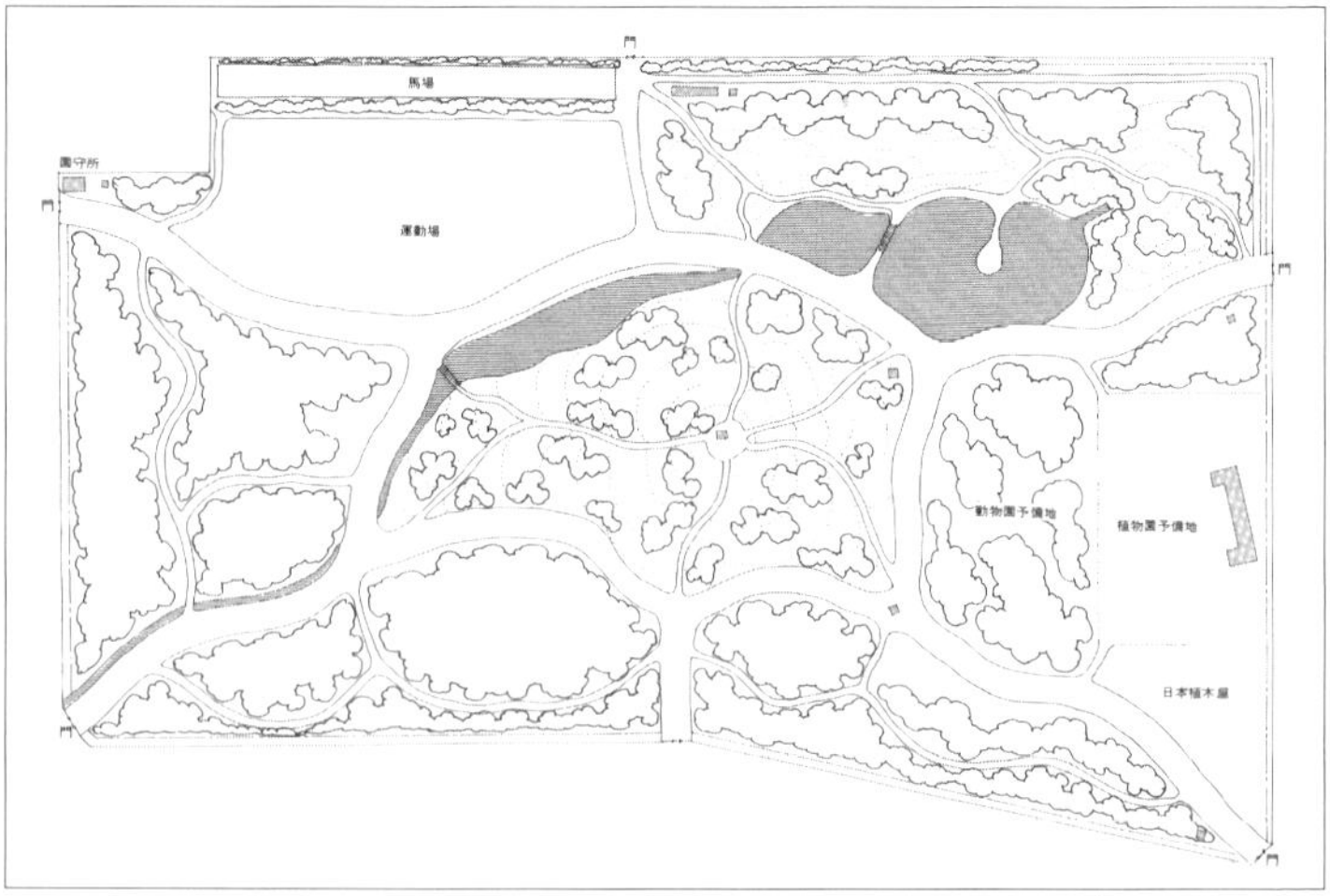

［図2］ 日本園芸会（田中芳男）設計案。明治27年6月の原図をトレースしたもの

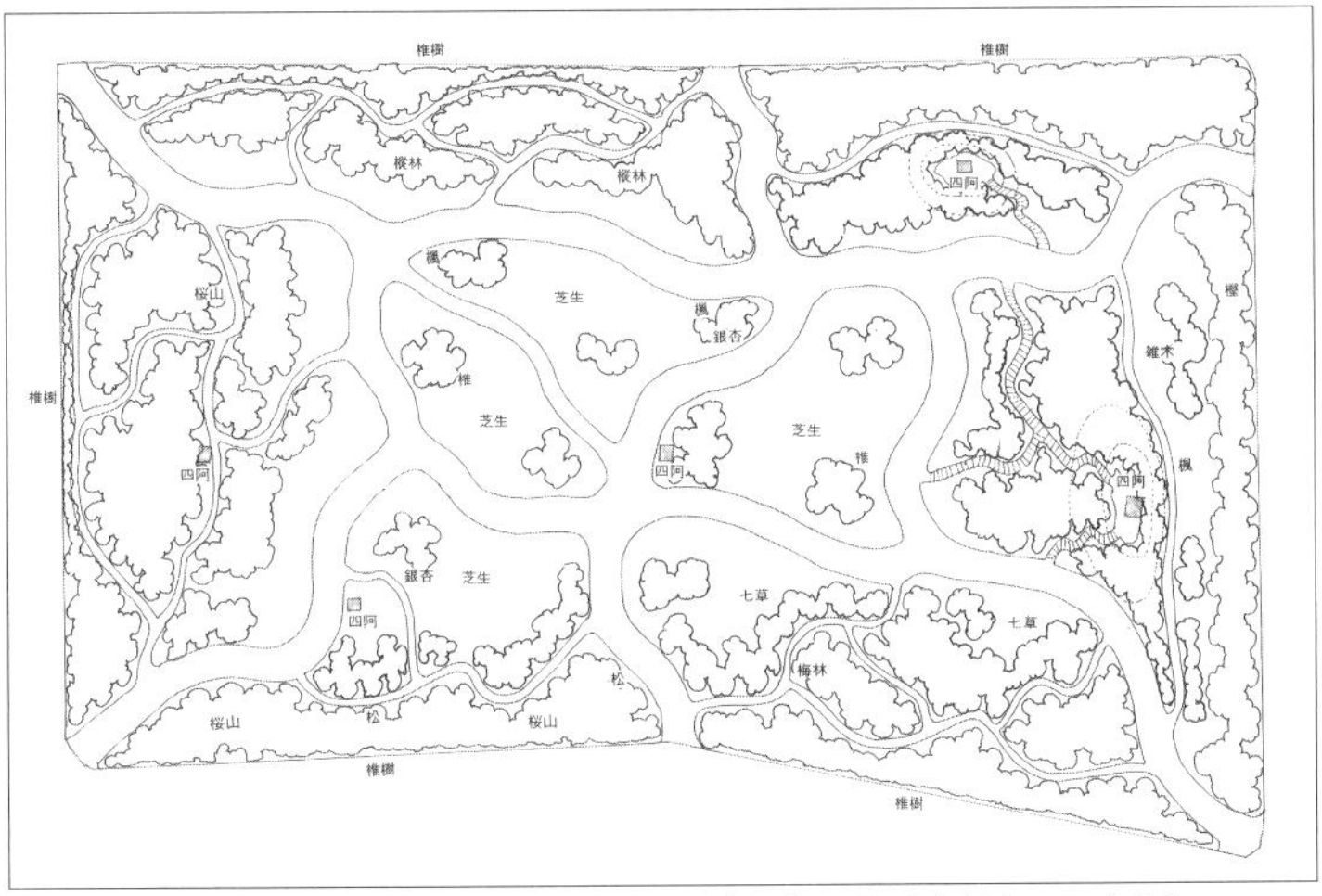

［図3］公園改良取調委員会設計案（長岡安平設計）。明治31年11月の原図をトレースしたもの

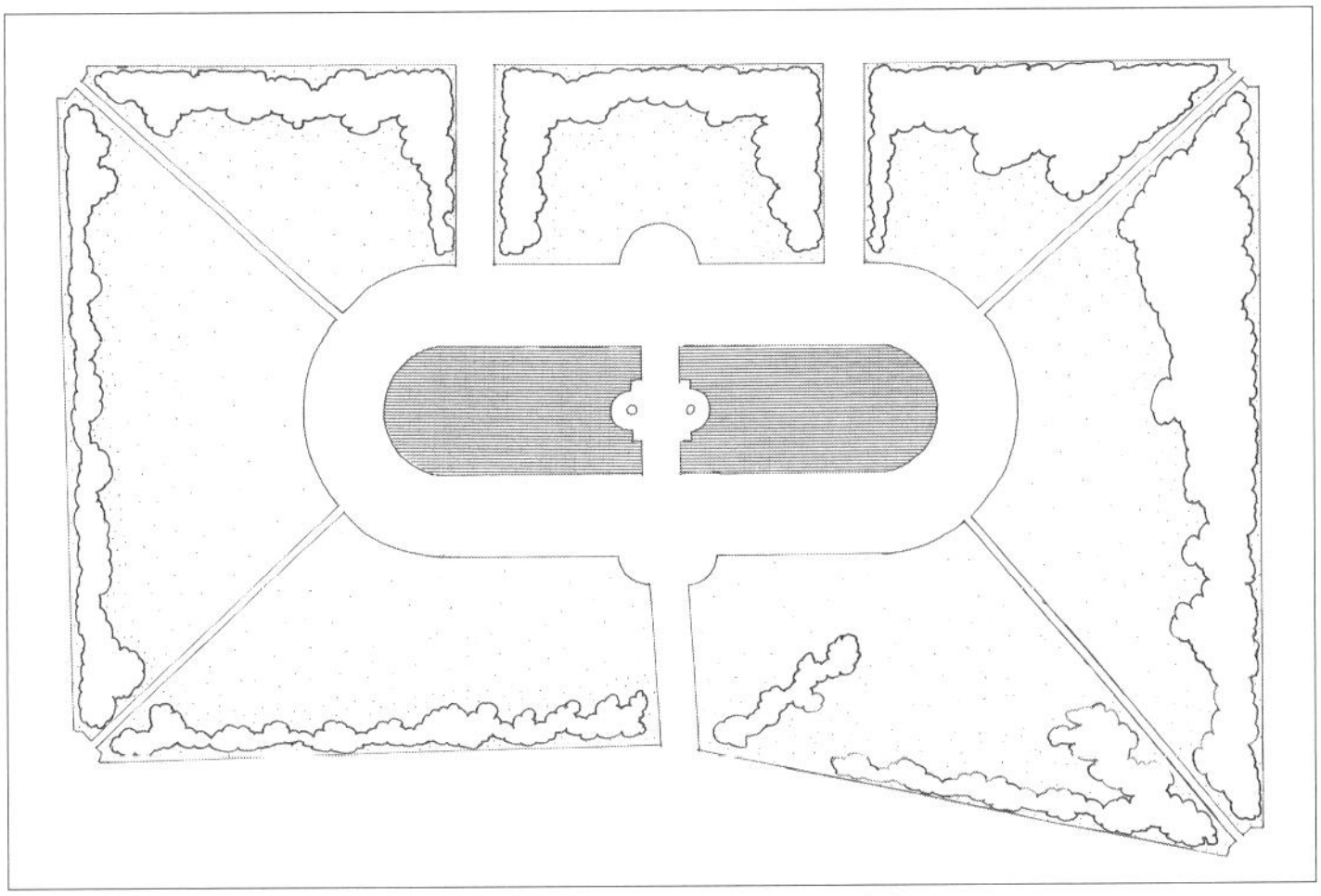
［図4］辰野金吾（工博）設計案。明治32年8月の原図をトレースしたもの

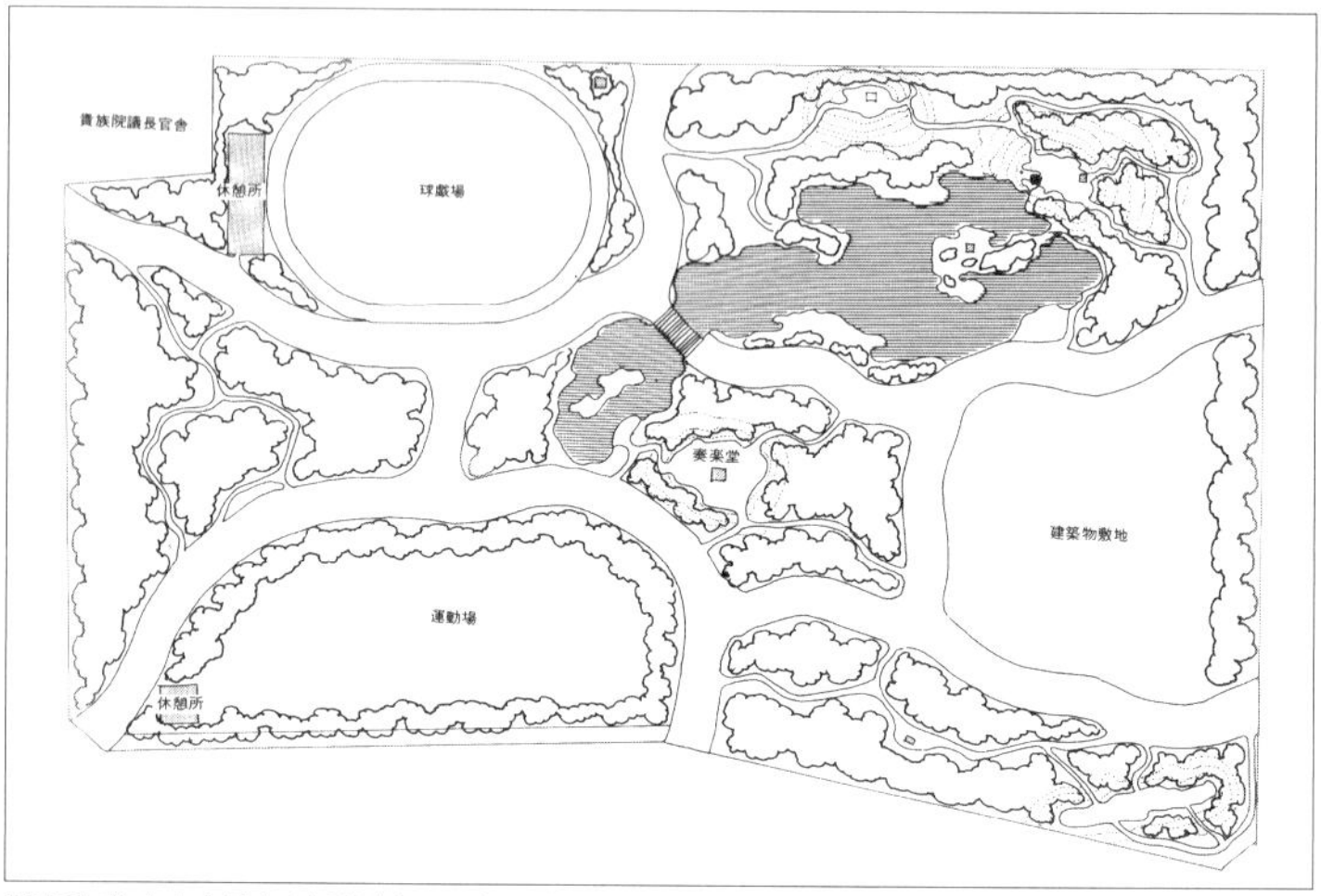

［図5］ 東京市吏員（5名）設計案。明治33年8月の原図をトレースしたもの

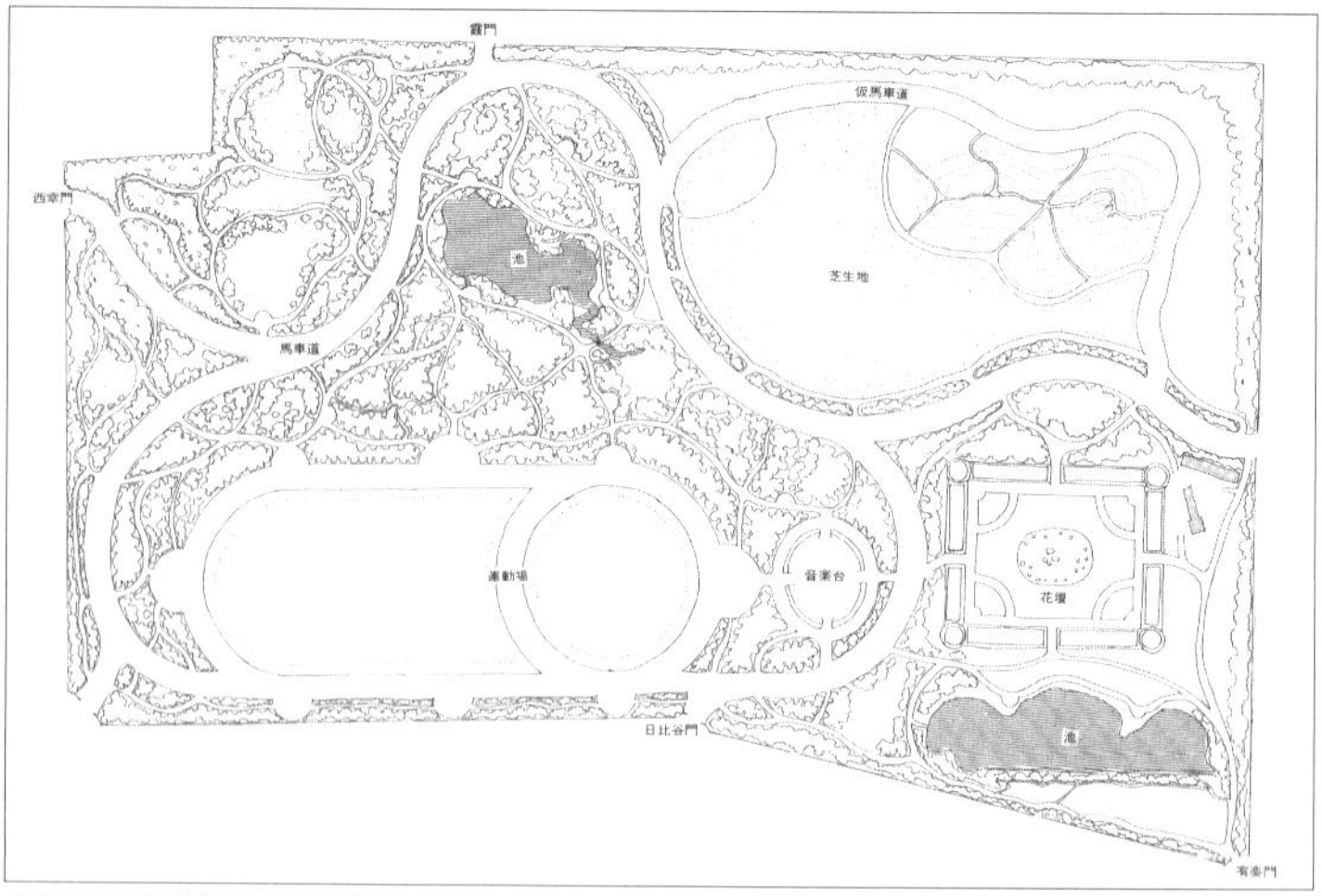

［図6］ 本多静六（林博）設計案。明治34年秋の原図をトレースしたもの

いことに気づく。

本章の冒頭で私は、「本多静六案に収斂」したと書いた。その意味する点は、こうである。一見するとまったく新しいように思われる本多案ではあるが、この案はそれまでに提出されていた諸案の言い分を踏まえつつ、じゅうぶんにそれぞれを生かすように気配りされていたというふうに読める。ここでは本多案以前の五つの案を紹介しているが、全体のゾーニング、門の数と位置、主要園路の入れ方、運動場、池泉と築山、芝生地、樹林、奏楽堂や亭など、すこし遠く離れた目で図面を眺めると、各案の共通点や傾向を上手にとり込んでいるように見えるのである。

たとえば、本多案［図6］（一九〇一（明治三四）年秋）は東京市吏員案［図5］（一九〇〇（明治三三）年八月）を定規の線で清書しなおした、失礼な言い方かもしれないが西洋式、近代式公園の粧いをまとわせただけの、いわば作曲ではなくて編曲のようにもみえる。もちろん、巻末の年表でもわかるように、一八九九（明治三二）年、外圧によって着工せざるをえなかった東京市は、決定案をもたないままとりあえず長岡安平案にもとづいて道路、広場排水、外柵など公園の輪郭造成をはじめており、それを追認するようなかたちで、すなわち図3の和風をともかく洋風に転換するかたちで東京市吏員案が設計されているのだから、そうした実際の流れを無視したものでは市として受け容れ難かったであろう。

その意味で、辰野案［図4］（一八九九（明治三二）年八月）は日比谷門を正門とした正面性が強く打ち出された本格的洋式案であったかもしれないが、行政実務関係者への気配りはほとんどないに等しい。これに対して本多案は、長岡案、市吏員案の入口配置をそのままそっくり踏襲、大園路は市吏員案の自然曲線を幾何学的曲線に整理しただけでほとんど同じ骨格となっている。

このことは、主要施設空間の配置である運動場、奏楽堂、建築物敷地（日比谷公会堂の寄付計画があったのでそのための予定地を確保する必要があった。本多案はそれを暫定的に整形花壇にして図案化している）、日本庭園部分（図案化は造園家・小沢圭次郎へ依頼）など、そのレイアウトは市吏員案の配置を本多案でもそのまま踏襲したことによる。

私たち現代人の目で、あらためて考えれば次のようなプロセスが推量される。

都心の、まったく地形的に平坦な矩形の敷地に、新規に設計する、しかも洋式公園の図案が求められている。それがなぜ、本多案のような複雑な図案になるのか。辰野案ではあまりにシンプルで、日本人好みの洋風とはいえなかったにせよ、矩形の平坦地にデザインする洋式公園といわれれば、普通に考えてもう少しコンセプチュアルな設計になったであろう。

それがこの本多案に落ちついたのは、現実的な経過と事情を十分に配慮した設計であったこと、それでいて「和の長岡案」にはじまり「とりあえず西洋っぽい市吏員案」を経て、一見して「本格的な洋風の本多案」へと仕上がっていったことによると思われる。

以上のようなプロセスがあったとしても、私は決して本多案の価値を下げようというわけではまったくない。むしろ、「公共造園の特質」とでもいおうか、作品として一建築家のアイデアで完結する建築物とはちがって、組織をあげて多数の関係者の討議を経てコンセンサスを得ることが必然な「公園づくり」のプロセスのあり方——調整力、気配り、現実的融通性の必要性——というものを、直感的に理解してコトに対応した本多の発想と対処力を高く評価すべきだと言いた

いのである。造園を、芸術、科学、技術のいずれに重点を置いて理解するか。造園を、芸術だと理解する場合には、作品性、独創性が評価の中心にくる。しかしパブリックパークは、純粋芸術ではない。オリジナリティのみに評価軸を置くのは西洋近代の物の見方に過ぎ、少なくとも「公園」においては妥当ではないと私は思う。造園の本質や特質をふまえつつも、財政や歴史的経過と、市民のニーズなど諸条件を配慮しながら最適解を導くのが「公共造園力」というものだろう。

本多案の〝和〟テイスト

今度は、本多案の空間構成にみられる〝和魂〟を指摘しておきたい。まず、洋風のなかに日本的空間感覚(たとえば「幕の内弁当的空間質」)を継承していると思われる。もちろんそれは市吏員案からの引き継ぎの成果でもあろう。ともあれ、大園路で公園の全敷地を四つの区画にゾーニングして、それぞれに特徴をもたせる手法について考えてみる。こうした手法は、一〇万坪を越える旧浜離宮庭園などに見られる。中島とお伝い橋の池の景ゾーンと、鴨場ゾーン、延遼館跡芝庭ゾーン、海手ゾーンなどいくつかの異なった景観テーマの室(境ともいう)に分けるやり方である。数万坪に及ぶ大名庭園など大面積庭園であっても、日本ではその広大さをダイレクトに見せるようにはしない。その点、八、〇〇〇ヘクタールもあったヴェルサイユのような、真ん中にグランカナールを配置して地平線に消えゆくビスタ(通景線)を通す手法とはちがう。もともと日本の景観演出には〝みえがくれ〟という手法があるし、利用する人びとを心地よくする人間的尺度(ヒューマンスケール)に細分割することで、親しみやすい造園空間にするやり方を採っていたのだろう。

ヴェルサイユ宮苑に付属したヴェルサイユ造園学校の校長であったアンリ・マルチネ（Henri Martinet）は、宮内省の造園技師で、フクバイチゴで有名な福羽逸人に依頼されて新宿御苑の設計図を描いた。この設計図をもとに福羽の指揮で施工されたのが現在の新宿御苑である。面積は約一八万坪あるが、旧高遠藩主内藤家跡の日本庭園部分を除いた大面積は、そのままひとまとまりのゾーンとして大芝生地に樹林が点綴《てんてつ》する自然風景式に仕上がっている。自由曲線の園路がゆったりと園内を巡るが、日比谷公園のように園路で園地が区画されるようではない。樹林は自然にひろがっているように見えるが、園内を貫くビスタ（眺望）が仮定されているので全園が見通され、敷地全体がひとつの景にまとめられている。まさにイギリス風景式造園の手法である。

日比谷公園の本多案と新宿御苑はほぼ同時代の設計だが、日比谷は約五万坪の敷地を分割する大園路を入れているのに対し、御苑は一八万坪を一体的に構成している［図7］。日比谷公園では雲形定規で引いたような幾何学的曲線が使われているが、敷地の利用法には日本的手法がみられると言える。心字池が日本式であるのはもちろんだが、洋風の設計といわれている雲形池の場合も〝和〟のテイストが濃い意匠と細部になっている。

〝気配り〟設計術

最後にもうひとつ、本多博士流の気配り法を指摘しておく。本多静六は、「計画人生」の実践者として知られている。たくさんの著作の一冊に『わが処世の秘訣――幸福・成功』（実業之日

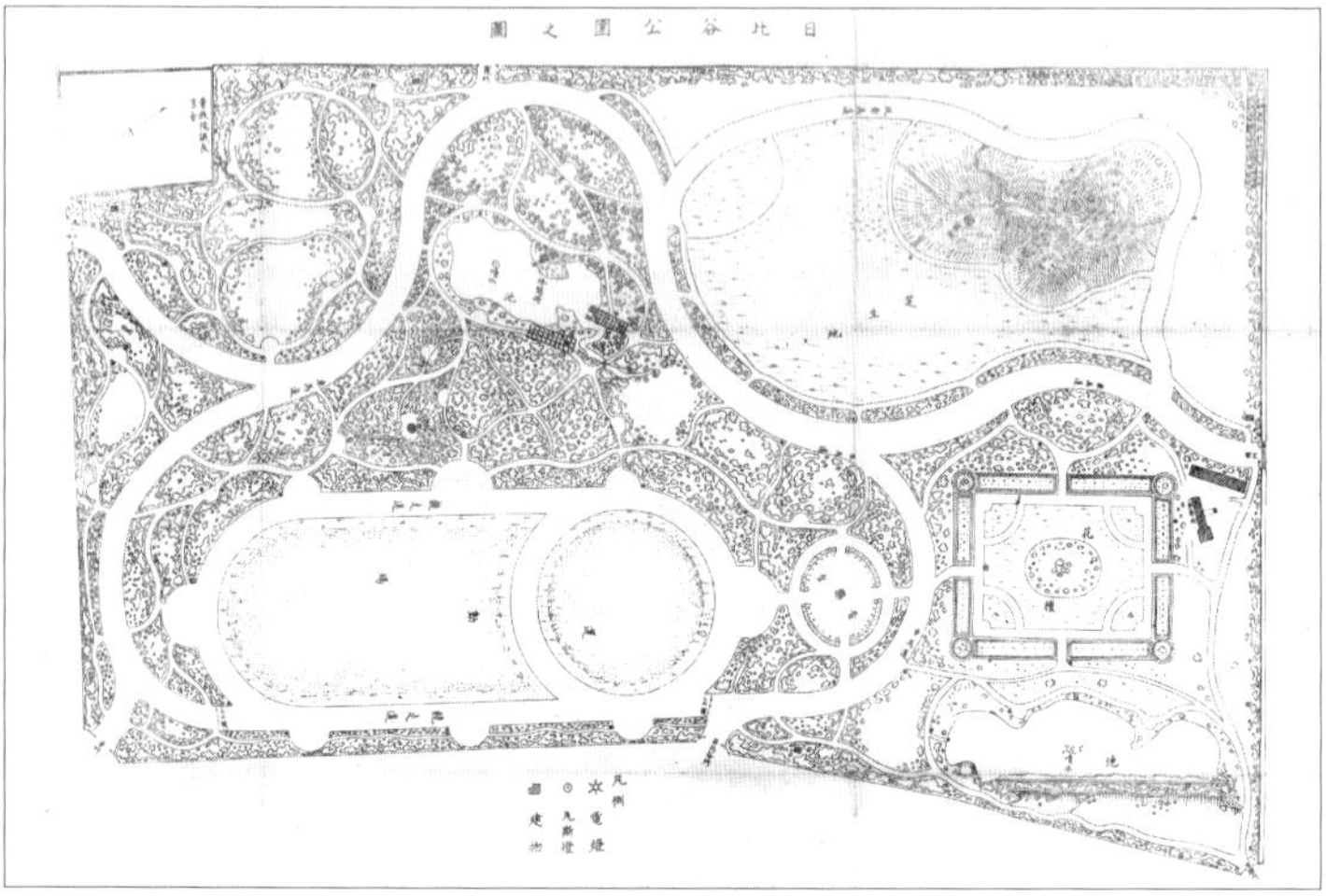

［図7］明治36年開園時の本多静六設計図案原図

本社、一九七八年）がある。こういう書名からは、学者が処世術など俗に過ぎると思われるかも知れない。本多の人生論を読むとよくわかるが、本多静六は苦労して自らの人生を拓きつつも、〝仕事は道楽〟の価値観のもと、広汎な社会活動も展開した。一方で、自らは質素な生活に徹し、蓄財は貧しくて勉強できない後進のためにあてる社会貢献人生を歩んだ。そしてこの本には、「本業に妨げなき好機は、いやしくも逸せず」とあり、造林学者がなぜ、日比谷公園の設計に尽力したか、その理由が窺える。自身の専門を第一とはするものの、あらゆるチャンスにチャレンジしようという積極的人生をめざしたのである。また、「会議にはまず人の説を聞いて最後に自説を述べる」、「建設的批判」、「人の長所をどって活用すること」とある。前に指摘したように、すでに提案されている諸案の長所を生かしながら本多自身の案をまとめたのである。さらに「功は人に譲り責は自ら負う」、「社会に対し、とくに同僚知己に悪感情を与えるような挙動を慎む」として、これも前に述べたように、石黒、福羽、小沢氏ら大先達の顔を立て、ジャーナリズムや世論にも気配りしていたのである。

本多静六の日比谷公園設計案は、一〇年間に及ぶ明治期日本人たちの世論と知恵と好みの集大成であったと言える。参考図のドイツ林苑風のデザインは、当時の時代的要請である自然主義を基底にもっていたであろうし、これをアレンジした〝和魂洋才〟の本多静六の総合的判断力（ある意味では時流を読む「鋭い直感力」）とでもいう〝気配り設計〟の成果でもあった。改革の時代は独断が、安定成長の時代には「調整力」が重要だとかよく言われる。本人は気づいていなかったであろうが、本多静六はじつに時代の要請に敏感な調整力の大家でもあったように思う。

3章　三つの洋と憧《しょう》憬《けい》の世界

憧れの西洋文明

世界中どこへ行っても、「パークホテル」がある。

その近くに公園がない場合でも、「パークホテル」とネーミングされていたりするのはなぜだろうか。

勝手な想像だが、緑豊かな公園のそばにありそうな好ましいイメージを与えるからか、一歩すすんでＰＡＲＫという文字が緑とやすらぎのイメージを与えるからではないか。かつて「白いブランコ」という歌が流行ったが、この歌詞のフレーズからもさわやかな恋人たちの語らいが聞こえてくる。

二〇〇二年、文藝春秋から出版された吉田修一の小説『パーク・ライフ』は、日比谷公園を舞台に男と女の〝今〟を描いている。芥川賞を受賞したこの本の帯には「他人だから、恋がはじまる」とある。ひとの出会いの舞台として「公園」はぴったりだ。装丁の日比谷公園全景を描いた

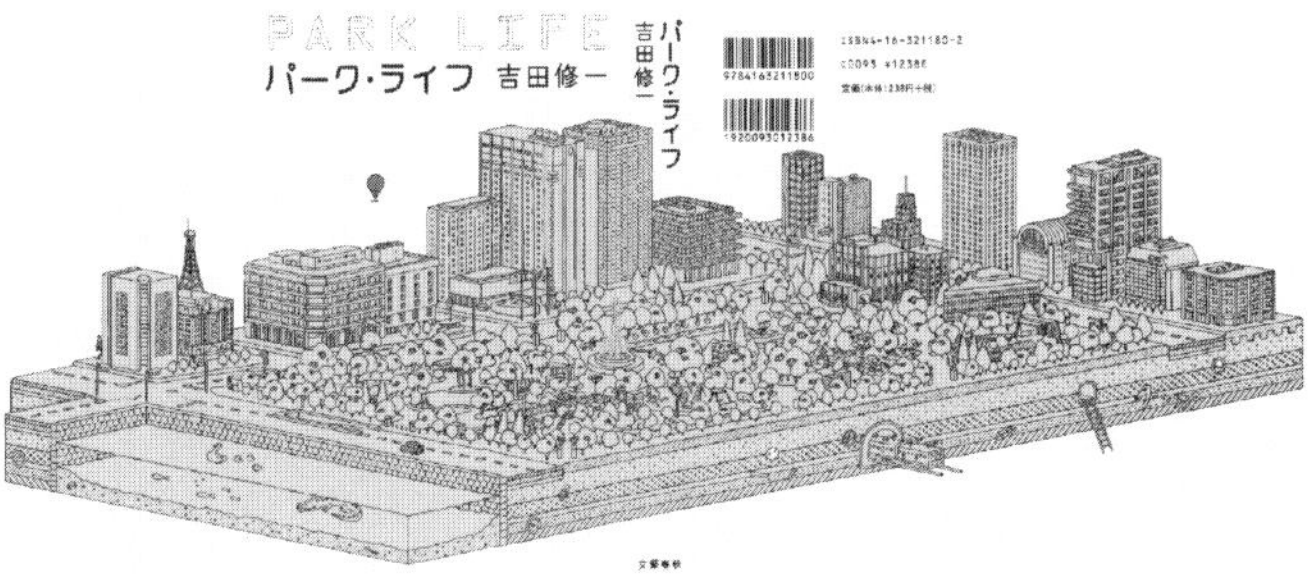

［図1］吉田修一著『パーク・ライフ』のカバー（装丁：大久保明子、装画：寄藤文平、文藝春秋提供）

黄色のイラストレーションはとても印象的だ［図1］。地上の音楽堂や噴水ばかりか、地下の地層や貫通する地下鉄までを描いている。軽妙なタッチでありながら人生の深部を見ようという小説のメッセージを感じさせる。日比谷公園を愛するひとりとして、よくぞ舞台にしてくれたと、縁もゆかりもないこの作家に私は当時、親近感を感じた。その後の吉田修一作品をウォッチングしていて、場所性や土地の力を発見する才能豊かな作家ではないかと確信している。

日比谷公園の空間と場所は、百年余の歴史に醸されて、いまやじゅうぶんに小説のイメージをかきたてるだけのものになっている。一〇〇年ほど前の一九〇三（明治三六）年、貧困な緑で日陰ができず、日射病になるというので「霍乱《カクラン》公園」と揶揄されたのが夢のようである。

いずれにしても、現代の日本人にとって「公園」や「パーク」、そして「ブランコ」「パーゴラ」「噴水」「芝生」「花壇」にいたるまで、すべてが好ましいモノとなっている。そのすべてが文明開化の象徴のひとつであり、憧れの西洋文明として受け容れられていったためである。

おそらく多くの日本人は、白いブランコとか噴水とか花壇とか、「公園」とか「パーク」と聞くと身近にあるつまらない公園ではなく、絵ハガキや映画に出てくるような緑濃く美しいヨーロッパの公園を連想してしまうのだろう。人間には動物とちがってイメージ力というものがあり、せまくても広く、浅くても奥深いものをイメージさせる技法を造園では発達させた。とくにそれは日本庭園の伝統技術であり、ひょっとすると日本文化はこうした特質の上に成り立っているのかもしれない。薄い金箔を貼ったものでも「金閣」と呼べるのが日本人である。

ともあれ、日本人にとって「公園」や「パーク」は、素敵なあこがれを象徴する言葉になった。そしてそのことに、「日比谷公園」は大きく寄与したのである。

すくなくとも、わが国初の洋風公園が、人びとの西洋文明へのあこがれを充たすものであったことはまちがいない。カクラン公園は、樹林が十分に成長していなかったことからの非難であったが、庭園設計のコンセプトから細部のデザインにいたるまで、当時の市民にこれが西洋にある公園＝ＰＡＲＫというものかと実感させるだけの内実をもっていた。だからこそ明治中期以降に支持を集めた大衆娯楽雑誌『風俗画報』にとり上げられ、東京の名所としてある種の観光地の地位を獲得した。だから後、東京見物の定番はとバスのコースにさえなったのであろう。

いま、わが国にはたくさんの公園がある。しかし、日比谷公園は特別である。永らく日本人にとっての素敵な公園、美しい公園、と同義語であり、「ザ・パーク――公園と言えば日比谷」であり続けている。

洋学知識人が集結した設計チーム

ところで、日比谷公園完成までのいきさつ、そこでの諸案、本多案に至るまでの考え方などについてはこれまでにくわしく述べてきたが、最終的に施工された公園について正確に説明していないので、ここで仮開園式における東京市の吉田弘蔵助役の報告をもとに当時の様子を紹介しておこう。なお、仮開園式となっているが、その後に本開園式は行われていない。

日比谷公園には、六つの門が設けられ、それぞれの地名をとって名前とした。日比谷町から入るのを日比谷門。有楽町からは有楽門。外桜田（現在の千代田区永田町）からを桜門。霞ヶ関からを霞門。内幸町からを西幸門。幸橋（現在の港区新橋一丁目付近にあった）からを幸門。園内は、大園路によって大きく四つの区画に分かれている。東南、西南、東北、西北の四部である。

東南部は明るく広い運動場になっている。競走道の延長は三九〇間、内側の広場は四、八七〇坪。後に元勲らの国葬が行われる場所になる。その北端には音楽台が設けられた。

西南部は樹林地帯で、運動場との間には木立を設け、ここにはツツジを満栽した（つつじ山）。その傍には池泉と噴水を設けた（雲形池、鶴の噴水）。東北部は当時、日比谷公会堂の予定地だったが、開園時には花壇が設けられた（現在、ペリカンの噴水がある第一花壇）。東北端には旧城の残塁（江戸城の日比谷見附）を保存し、外濠は修築して池に改修され、噴水が設けられた（心字池）。西北部は日本庭園の予定地だったが、開園時は残土が盛られ、小丘が築かれた。平地は芝生地とされた（現在の三笠山、大草地。なお当初計画された日本庭園はついに造られなかった）。

いま公園内の園路はすべて利用者が歩くためのものになっている。しかし当初、園内の道路は、車道と人道に分けられていた。車道は幅三間（約五・五メートル）以上で総延長は約一、〇〇〇間（約一・八キロ）。人道は幅三間未満で総延長は約三、三〇〇間（約六キロ）だった。道路両側には暗渠の下水道を設けその総延長は二、六〇〇間（約四・七キロ）である。

樹木は約三〇〇種二万四三五〇本、花卉は約一三五種一万二〇〇〇株が植えられ、このほか、休憩所二ヵ所、便所五ヵ所、共同椅子（ベンチ）一五〇脚、瓦斯灯七〇基（照明）が整備された。なおアーク灯一〇基および共用水栓が設計されていたが、このころは未設であった。

東京市の吉田弘蔵助役は、日比谷公園造成委員長で工事の設備総係となり、安寧健康、今風に言えば、公衆衛生上の設計は石黒忠悳男爵、樹木・道路・築山の配置設計は本多静六林学博士、園芸花卉の配置設計は福羽逸人子爵、水道・噴水の配置設計は斉藤進、設計の総括は市会議員で東京興農園主の渡瀬寅次郎がそれぞれ嘱託された。石黒、本多、福羽らは洋学派知識人であったが、設計の総括者を務めた渡瀬寅次郎は札幌農学校でクラークに学んだ人物であった。渡瀬は江戸で生まれた旧幕臣で、沼津兵学校付属小学校を卒業し、その後、札幌農学校第一期生としてクラーク博士の薫陶をうけキリスト教に入信、茨城県立師範学校校長を経て、わが国初の種苗、農具の生産販売業「東京興農園」を設立した通信販売の創始者であり、東京農業大学の前身「徳川育英会・育英黌農業科」、その後身「東京農学校」の講師も務めていた。

庶民を惹きつけた「三つの洋」

以上のように日比谷公園は、多くの洋学系知識人の協力によってできた。心字池やつつじ山のような日本的テーマと日本的手法も活用されているが、これを西洋式の大園路区画や、曲線の園路広場で上手に包みこんでいる。さらに、各所にアクセントとしておかれたペリカンの噴水や奏楽堂の建物の効果によって、概して「洋風公園」という強いイメージを与えることに成功した。もちろん、完璧な西洋式ではない。当時の関係者は江戸時代生まれも多く、洋楽系知識人と言えども、〝和〟の感性が身に染みついていたし、工事にあたった職人たちも同じである。だから、完全な西洋式公園とは言えない。かといって和洋折衷式公園でもない。正確に言えば西洋式を下敷きにし、〝和〟をとり込んで消化した「洋風公園」になったのである。

だがしかし、当時の日本人にとっては輝かしい〝洋風〟であったことは間違いない。そしてそのシンボルが、「三つの洋」であった。すなわち、洋花・洋食・洋楽である。

その第一、洋風花壇のこと。開園から二六年後の一九二九（昭和四）年に建設された日比谷公会堂の話は設計時からあった。その建設候補地（予定地）は現在の第一花壇であった。本多の述懐にも「花壇の相談相手には花つくりの大家福羽逸人氏と植物学の泰斗松村任三氏」とあるように彼らの指導で西洋の花が植えられた。

明治の末の庶民は、まだ江戸の生活にどっぷりつかっていた。花菖蒲、朝顔、菊しか見ていない人びとにチューリップやパンジーを、しかも西洋花壇の形式で観賞させたのである。

福羽は、すでに新宿御苑において、西洋種を次々と試験栽培しつつ導入していたが、当時これを日常目にできたのは貴族や政府の高位高官だけだった。庶民は日比谷公園ではじめて西洋の花々を見ることができたのである。なお新宿御苑は、一八七九（明治一二）年内務省勧農局農事試験場を宮内省が引き継ぎ「新宿植物御苑」となるが、もっぱら皇室用の蔬菜《そさい》、果実、宮中装飾用花卉の栽培にあたっていた。ようやく一九〇二（明治三五）年より苑囿《えんゆう》へ改造工事をはじめ、明治三九年に完成している。御苑完成の責任者であった福羽逸人は『回顧録』を残しているが、日比谷公園の記事はない。本多静六は、福羽の知名度を利用したようだが、福羽にとってはほんの一瞬のお手伝いでしかなかったのかもしれない。

ともあれ、日比谷公園は当時の人びとがあこがれた西洋の花と花壇を提供したのである。

第二に洋食、レストランのことである。

ヨーロッパには、すてきな「公園レストラン」がある。花と緑のなかで食事を楽しみ、音楽を聴くのが、公園の利用スタイルとして定着しているからだろう。雰囲気やサービスも、街なかよりも格の高い店がたくさんある。公園の緑に包まれ、池に面し、美しい風景のなかにあり、立地もすばらしい。

日比谷公園では、開園の翌年一九〇四（明治三七）年に洋風喫茶店の松本楼、和風喫茶店三橋亭、さらに翌年に高柳亭、麒麟亭が公入札で出店を認められている。三橋亭は心字池の脇の祝田濠側、松本楼は雲形池ちかく公園のほぼ中央の現在地に造られた。

仮開園よりおくれての入札であったが、図面をみるとその予定地が白く抜けていることから、本多静六は当初より飲食施設の配置を考えていたといえる。

「日比谷松本楼」といえば公園レストランとして上野精養軒と並び知られる老舗になっている。事実、開園当時から同じ経営者によって存続しているのは松本楼だけである。入札に応じた初代店主は小坂梅吉。郷里の長野から上京し、銀座で割烹を開いて三十余年。「あんなところに店をだしてもしようがない」という時勢に入札予定価格をはるかに上まわる坪三円五〇銭で一五〇坪を落札した。後、京橋区議会議長、市会議員、代議士、貴族院議員にもなった有力者であった。

日本の喫茶店第一号は一八八八（明治二一）年下谷西黒門町の可否茶館で、コーヒー一銭五厘、ミルクコーヒー二銭だったという。震災前までは洋食はまだまだめずらしく、正装して松本楼でカレーを食べ、コーヒーを飲むのがハイカラな時代であった。

もちろん松本楼はカレー店ではない。フランス料理の本格レストランで、建物も三階建、屋根に出窓のついたマンサード風という本格的洋館として、地元、芝大門の大工小川組の施工によってつくられた。

東京市の公園行政をリードした井下清は、「庶民が洋食のエチケットを学んだのも公園レストラン松本楼においてであった」と、洋風公園の社会的意義に言及している。

白いテーブルクロスの卓には盛花があり、ナイフとフォークをつかって洋食を味わい、香り高いコーヒーを飲むのは、当時の庶民のあこがれであったことはまちがいない。

ギリシャ神話の牧羊神にあやかった「パンの会」が一九〇九（明治四二）年一〇月、松本楼で開かれている。小山内薫、山本安英などの演劇人や、北原白秋、吉井勇などの詩人、石井柏亭などの洋画家、彫刻家の高村光太郎、音楽家の本居長世、さらに歌舞伎の市川左団次、市川猿之助も加わっていた若い芸術家たちの文学運動であった。案内状には「大都の真只中、噴水に近くバンドに耳を傾けながら飲みも話も致し度」とあり、会費は二円であったという。洋食を食べ、外国旅行から帰国したアーティストの話を聞く。西洋に憧れる芸術家たちの文化サロンともなっていた。次の二首はいずれも吉井勇の作である。

噴水のしぶきに濡れて公園の　白楊《ポプラ》のなかをゆくは誰《た》が子ぞ

ＰＡＮが吹く笛にあらずやしめやかに　奏楽堂の方にひびくは

第三に洋楽、西洋音楽についてである。

西洋の公園には、音楽堂や野外劇場がある。本多の設計では、当初から花壇と運動場の中間に小丘を設けて「音楽台」とすることが計画されていた。仮開園の直後、一九〇三（明治三六）年六月一五日の東京市会は音楽堂の建設を議決し、予算四、九八七円を計上した。いかにも西洋式のハイカラな八角形、鉄骨鋼板屋根の「バンド・ステージ」式であった。いわば日比谷公園の洋風を象徴するような建物だったが、残念ながら震災で倒壊した。その後再建されたが、コンクリート製で軽やかさがなく、さらにまた昭和後半に現在の小音楽堂に建て替えられた。

バンド・ステージは、明治三八年竣工、八月一日に開堂式と初演奏会が行われた。第一部は陸軍軍楽隊、第二部は海軍軍楽隊によって全一〇曲の演奏がなされた。以後は陸海軍が交互に毎週出演し、戦後は水曜、金曜に警視庁と消防庁の音楽隊が分担してコンサートはいまも続いている。

日比谷公園での奏楽は、たいへんな人気であった。和装の男女が大勢で音楽堂の丘を取り巻いている写真が『東京名所百景』に載っているが、それこそいまのディズニーランドのようなにぎわいだったようだ。

開堂当時の「東京日日新聞」には、「当局者の苦心せるは、如何に設備の本旨を貫徹し多数市人をして、音楽美に対する趣味を解かしむべきかの一事にあり」とある。このころは、市人の多数が、いまだ音楽趣味を理解していないので、ただ好奇心に駆られて群集する。高尚な趣味が、野次馬の喧騒に圧倒されてしまう懸念があったというのである。

東京芸術大学の前身、上野の東京音楽学校には一八九〇（明治二三）年に奏楽堂が建てられていたが、一般市民にとっては、日比谷がはじめての西洋音楽との出合いであったのだから無理もない。

最初は無料であったが、木柵をつけ整理のために五銭の料金をとり、入場券を公園事務所で配布することにした。また音楽台を見上げるのではなく、音楽堂の廻りに鋳物製のベンチを置くなどして、座って静かに聴くように工夫した。

西洋式にナイフとフォークを使い、静かに音楽を聴く。東京市の造園課長を務めた造園家・井下清は、庶民が新時代を体験し教化されるのに「洋風公園・日比谷」は重要な役割を果たしたと指摘している。東京市民はこのようにして、文明開化の新文明を少しずつ学びながら受け容れていったのである。

SINCE 1903

4章 〝生き物文化〟公園

生き物を感じられる世界

ケフハ　ヒビヤヘ　アソビマセウ
デンシャヲ　オリテ　セイモンヲ
ハイツテ　イケバ　ヒダリカハ
シンジイケニハ　ツルガヰル

……とつづく「日比谷公園への招待」、と題された子ども向けの詩画がある。

明治・大正期に発行された子ども向け雑誌『幼年の友』のなかのひとコマである［図1］。

誰が描いたか、開園後十数年経った日比谷公園の落ちついた風景と公園の特徴をじつにうまく伝えている。文章は次のように続く。

「きれいな西洋草花の花壇がぐるり並んでる広い芝生で鬼ごっこ　冷たいお池で水遊び　動物園やブランコや器械体操　名高い鶴の噴水が勢い込んで噴きあげる　並んでる聳ゆる洋館の松本楼

でコーヒーを一杯飲んで　音楽堂へ参りましょう　土曜日午後五時からは海軍の軍楽隊の奏楽を
ゆっくり聞いて帰りましょう」

［図1］日比谷公園が描かれた『幼年の友』の詩画（實業之日本社、大正4年ごろ）

また、挿絵もポイントを精確におさえている。園内の大園路に人力車が通っていた様や、花壇には西洋の花の模様花壇があった様子、その四隅にはソテツが植わっていたり、大草地は芝生でピクニックの場になっているのが描かれている。さらに、その一角には動物舎や運動器具があり、園内には和洋レストランがあったこと、いまの小音楽堂の前身である奏楽堂では、軍楽隊の演奏を聴く大勢の市民が集っていたことなど、文章で説明のない情報もこの絵から読みとることができる。なによりも、このころすでに洋風公園はじゅうぶんに東京市民の日常生活にとけこんでいたらしいという雰囲気がとてもよく伝わってくる。

注目すべきは、『幼年の友』の説明文に「動物園」とハッキリ書かれ、絵にも二棟の動物舎

（右奥の網室）とこれをつなぐ二棟の施設が描かれていることである。

日比谷公園は当初「霍乱公園《カクラン》」、すなわち日射病になるほど緑陰のない公園と皮肉られたほどであったが、その後適切な保全管理のおかげもあって東京都心の〝緑のオアシス〟と呼ばれるまでに生長発展してきたことは広く知られている。ところが現在、日比谷に動物のイメージはないに等しい。それが、わずかとはいえハッキリと動物の居場所が載っていることに注目したい。

およそ世界の造園史を繙《ひもと》くと、古来「ガーデン」とか「園林」に〝動植物〟など生き物は不可欠の存在であったことがわかる。中国の皇家園林では広大な樹林にシカなどの大型動物が放し飼いされ、クジャクなどの美しい鳥、珍しい鳥を遊ばせていたし、〝禽獣園《きんじゅうえん》〟も古くから設けられていた。

自然科学が発達して、生物学も分科し、高度に専門化するなかで専門の研究者や学芸員のいる「植物園」と「動物園」に独立していったのだろうが、戦前はもちろん戦後も長らく大規模公園には植物のみならず、必ず動物舎やケージ（鳥かご）が配されたものである。

東京市の公園課長、同部長を務め、東京の公園行政を長きに渡り牽引した造園家井下清氏から直接私が伺った話では、「公園でも遊園地でも、入園者を増やそうと思ったら〝動物〟を飼うのが一番。チンパンジーやヤギ、ヒツジでもいい。子どもたちに動物は人気で、子どもが行きたいと望めば親たちもやってくる」ということだ。事実、井下氏が相談に乗った企業経営の遊園地などでは、〝人集め〟のために〝動物〟を飼って成功した例が少なくない。

文字どおり〝人寄せパンダ〟ということになるが、人びとは元来緑のみでは満足せず動物のいる公園、〝生き物〟の気配が感じられる空間世界にあこがれるし、癒しも感じるのだろう。
このコトの本質を公園で実現しようという発想は、おそらく井下公園課長自身のものであったと考えられる。以下の新聞記事にその企図の一端が垣間見られる。ただおよそ一〇年間、つかの間の「日比谷公園動物園物語」ではある。
「金華山から生け捕って来た日比谷公園の鹿興趣深き鹿狩りの話、東京市技手市川政司談」（大正一〇年一一月二日、読売新聞、著者注＝市川氏は井下課長腹臣の部下）
「角落ちて可愛い鹿徒渉池の賑はふつつじの日比谷仔熊も来た（宮内省から御下賜の鹿は角がなくなつて子供に喜ばれて居ます。それから生れて四十日ばかりしかたたない子熊が寄付されお乳とおいもを喰べて事務所の人々にジヤレていますが、これもその内に檻に入れて子供たちに見せるさうです。そして追つては日比谷にも動物園が出来るさうです。）」（大正一一年四月三〇日、読売新聞）
「日比谷公園に羊が来た（九頭のヒツジが来て子供たちに喜ばれています）」（大正一一年七月一〇日、読売新聞）
「薄《すすき》と鶴の対話心字池の秋色」（大正一一年九月一一日、読売新聞、著者注＝写真には鶴が二羽映っている）
「のどかな日曜日昨日日比谷公園所見」（大正一二年三月五日、読売新聞、著者注＝鎖につながれた熊が歩き回り、猿が二匹たたずむ写真）
「殺猿犯・熊公小猿を喰ふ刹那」（大正一二年六月二四日、読売新聞、著者注＝生まれたばかり

の小猿を熊が喰っている写真）
「南洋の珍客阿呆鳥きょう日比谷公園で雌雄御目見得」（大正一五年六月二二日、読売新聞）
「お子さん方のお友達に日比谷公園へ来た二匹の小ぐま」（大正二年七年一日、東京朝日、著者注＝新潟で捕らえたものを東京市に寄付、帽子にジャレている写真）
「氷の上に遊ぶペリカン（日比谷公園）」（昭和二年二月一五日、東京朝日新聞）
「冒険好きの少年猛獣の檻を開くわしとヰノシシが飛び出して、騒動の日比谷公園」（昭和五年一月一三日、東京朝日新聞）

以上の記事は、日比谷公園が子どもたちに親しまれるよう、彼らの最大の関心事〝動物〟の導入を図ろうと涙ぐましい努力をしている様子をよく伝えている。

何回かの事故のせいか、まもなくあやしくなってくる軍靴の予感か、日比谷公園動物園へのチャレンジは消えていったようだ。ただそれでも、戦後、少し大規模な公園であればどこでもまだ、動物の姿はよく見かけるようであった。

ところが近年の公園行政では財政難ということもあり、動物舎などの施設はもとよりたくさんの飼料代と常駐飼育員を必要とする動物は、専用の動物園や水族館に任せようということらしく、一般の公園ではふたたびその姿がほとんど消えてしまった。

心の底からの癒しを考えるなら、ホーティカルチュラル・セラピー（園芸療法）とかアニマル・セラピー（動物療法）が近年叫ばれているように〝生き物〟の存在は必須だ。人間は何といっても大昔から野菜や果物、家畜とのふれあいのなかで生きてきた。だから多彩な〝生き物文化誌〟を紡ぐのが当然であったのである。

ここで昔からの「造園文化」は、「生き物文化誌」の表現形のひとつであったことを再確認しておきたい。また庭園でも公園でも、造園空間というものはこれからも、本質的には動・植物の共存する景観世界でなければならないことを確認しておかなければならない。財政難で動物の姿を見ることができなくなったいまの日比谷公園では、せめて中遠景に眺められる利用者群を自分と同類の生き物仲間としてみて我慢するしかないか。

花と国際親善・花と緑の洋と和

日比谷公園〝三つの洋〟のひとつが、〝洋花〟。ふつう園芸というと、花卉《かき》・蔬菜《そさい》・果樹の三つに分けられるが、日比谷公園ではもちろん〝花卉園芸〟である。花は、江戸時代以来の大衆の趣味で、誰にも人気があった。ましてや珍しい〝西洋の花〟であればなおさらである。

当時、皇室の御苑である「新宿御苑」には誰でも入れるわけではなかったので、西洋の花卉類が栽培され、市民が美しい花壇というものを眺められる唯一の場所は、「日比谷公園の花壇」であった。花は樹木とちがって日々変化し、季節感を味わわせてくれるものであることから、新聞記事になりやすい。だからこそ、国際交流、国際親善のイベントツールとして〝花〟が使われることも少なくない。ふたたび新聞記事の見出しから拾ってみよう。

「日米親善の桜樹とカルミア明日から日比谷公園に陳列」(大正九年五月二二日、読売新聞)

「ロンドンの花で濃艶《のうえん》に色どる日比谷の花壇」(大正一五年四月九日、読売新聞)

「花咲いた花水木　日比谷公園に国際的な由緒もある珍樹」（大正一五年五月一七日、読売新聞）

「花しやうぶの研究大家米国リード博士来朝記念　日比谷公園花壇で花菖蒲大会」（昭和五年六月五日、東京朝日新聞夕刊）

「生きてる花水木桜のお礼に来た親善使節、ことしも日比谷に」（昭和一一年五月一二日、東京朝日新聞）

「アメリカから珍木四千六百本来る二六日横浜へ」（昭和一二年一月二一日、朝日新聞、著者注＝アメリカのガーデン倶楽部からさきに来朝した折の御礼として東京市に寄贈されることとなった四六五〇本が一三日にバンクーヴァー出帆の氷川丸に積み込まれ、二六日に横浜へ入港する旨知らせがあった。市では向こうの希望通り日比谷公園にひとまとめに植えた）

「珍樹・帝都へ一まず日比谷公園へ移植す（白花水木三〇〇〇本、紅花水木一、〇〇〇本、マグノリアグラウカ五〇〇本、リクイダンバー二五本、米国石楠花《しゃくなげ》五〇本、ピンオーク五〇本）」（昭和一二年一月二八日、朝日新聞）

「アメリカからの贈り物珍木〝石南〟の美しい花咲く」（昭和一二年六月一三日、朝日新聞）

「日比谷公園でバラの記念植樹ワグナーＮＹ市長」（昭和三八年六月一六日、朝日新聞）

以上、戦前は尾崎行雄東京市長のサクラの返礼として、あるいは日本庭園協会（会長は藤山雷太）などが接待したアメリカガーデン倶楽部からの贈り物としてアメリカハナミズキやマグノリアが届き、日比谷公園に植えられたことが、戦後は東京オリンピックを誘致した東龍太郎都知事とワグナーニューヨーク市長が記念に薔薇を植えたことなどが話題になっている［写真1］。ロンドンから送ってきた草花のことなどのようなこうしたニュースはともかく、アマ記者がいつも日比谷公園ウォッチングをしていないと気づかないような小さな話題である。日比谷公園は一貫して新聞紙上に季節感を出すのに貢献してきたようである。

日比谷公園のもうひとつの貢献は、日本の園芸技術、園芸文化の普及のショウウィンドウとしての役割である。開園当初の日比谷の植栽は、樹木がマツ・カシ・サクラ・ヒノキなど三〇〇種二万四三五〇本、花卉類は一二五種一万二〇〇〇株であったという。

これが一九三二（昭和七）年の栽培花卉現況によると、一一〇種五万株と大幅に増えている。

［写真1］ワグナーNY市長と東龍太郎都知事のバラの記念植樹の様子

市民の洋花人気に対し、公園側もこれに応えようと努力していることがわかる。なにせ当時は、種の輸入、播種、繁殖、栽培、花壇造成、花壇の設計施工管理まですべてを公園係自ら手を下すしかなかったからである。公園マンは自ら実験し、市民に伝え、花壇展を開いて、園芸文化を普及させていったのである。

「春蒔きの花種はどうして蒔くのか、背の高い花には肥料を充分に　日比谷公園の早川技師談」（大正一四年三月三日、読売新聞）。この記事には「ご存知の通り春蒔きと、秋蒔きの二種ありますが（……）鳥に食はれたりしますからおそい方がいいでせう。床は普通の地より一二寸高く土を盛り上げ、石ころ（……）球根ですとダリア、カンナ、ジンジャ、グラジオラス等」と洋花栽培の技術がくわしく語られている。

　こうした公園係の自前の技術的蓄積を踏まえて、スポンサーシップによる花壇展が計画される。

「春さかりあすから花壇展覧会、日比谷に」（昭和六年四月三日、東京朝日新聞）

　記事内容には、「日比谷公園では三日から今月一ぱい市と大日本園芸組合の主催で花壇展覧会が催される。ヒヤシンス、鉄砲百合、ラッパ水仙、ヒナ菊、パンジー等三〇種が（……）なにしろ市内外一六ヶ所の一流の花屋、百貨店から四、五萬株の花が出品されるので（……）」とある。

一九三〇（昭和五）年の第一回から三三年の第四回までの花壇設計の詳細が、当時の花壇主任富本光郎が山本實と共著で刊行した『圖説花壇と花』（三省堂、一九三六年）に紹介されている。スポンサーの銀座千疋屋の「千」が花壇にデザインされていたり、京成電車がスポンサーの花壇の中央には成田不動尊の盆景が据えられていたりして、日本でもすでにコマーシャリズム（商業主義）がはじまっていることを知る。

　戦後は新潟、富山のチューリップ生産地から花卉の提供を受けることもあったようだ。近年はオランダ女王からのプレゼントでオランダ観光のアピールにひと役かってもいる。

「グラジオラス新種日比谷で展示会」（昭和二七年七月一二日、朝日新聞）

「チューリップ・コンクール日比谷公園はいま花ざかり」（昭和三〇年四月二四日、朝日新聞）

　ところで、新聞記事からは日比谷公園が洋花一辺倒ではなかったことも発見できる。

「日比谷の大蘇鉄焼失す」（明治四二年一二月二八日、読売新聞、著者注＝冬越しの霜除わらが

タバコの吸い殻で発火、有楽門内花壇中央の大蘇鉄十五株が燃えてしまった)

「梅のたより綻《ほころ》び初めた日比谷公園の梅」(大正一〇年二月一一日、読売新聞)

「二十六種の奇植物実業家森氏から日比谷公園へ寄付(東京市公園課では日比谷の改良を企てているが、森信次郎氏から小学校の国定教科書に記載されて居る珍奇な植物二十六種(……)花壇付近に植込み南洋産植物は温室に陳列して回覧せしめる筈である。ヤシ、ビンロウジュ、ゴム、タコノキ、シュロチク、カカオ、リュウゼツラン)」(大正一〇年一二月一〇日、読売新聞)

「復活した菊の大会」(大正一三年一〇年二五日、読売新聞)

「薬草園と展観」(大正一三年一〇月二五日、読売新聞、著者注＝欧州戦争で染料と薬品が窮乏を来したので国産の薬草研究が盛んになり、日比谷公園に本月中、大日本薬草栽培奨励会の寄付で薬草園がつくられ、五月八日より赤坂溜池の三会堂にて薬草展覧会が開かれる)

菊花大会は一九一四(大正三)年に東京市電気局が電車の利用を盛んにすべく、一九二四(大正一三)年まで毎年一万円を投じて盛大に開催された。その後、一九二五年からは東京市保健局公園課主管で、日比谷公園菊花連盟(昭和二八年創設)の運営によっていまも続いている。

ほかにも「山野草展」「大輪朝顔展」があり、日比谷公園は西洋のみならず〝和〟も含めた多様な〝生き物文化〟を内包してきたといえる。

人が育てた森——生長する樹木と守る努力

日比谷公園は地下水位が高く、根がなかなか深くまで入りにくい。築造前からカヤ、モミ、マ

［写真2、3］緑の生長変化。日比谷門を現在の
帝国ホテル側からみた開園当初（上）と2008年の様子（下）

ツなどかなり大木もあったらしいが、いずれもいまでは枯れてしまったようだ。設計者・本多静六は『本多静六自伝　体験八十五年』で、こう述べている。

「予算は私の原案28万円を、市で金が出せないからとて17万5千円に減額され、その代わり樹木等は、ごくごく小さな苗木で10年後に、公園らしい庭になればよいからということで、その多くは私の管理下にある農科大学の苗圃の不要樹木をただ同然に払い下げて植えつけたのである。現に図書館周囲にある樟《くすのき》のごときは、わずか1～2尺の小苗木であったが、今は目通りの周り4～5尺、高さ7～8間の大木になっている」

現在園内の樹木のほとんどは新しく公園として植栽した樹木といってよい。いま私たちの眼前に広がる緑は、造成後百余年という永い時間をかけて〝人が育てた森〟だということである。

開園のころの絵ハガキの写真に画角をあわせて二〇〇八年に撮影した写真と見比べていただき

たい。もちろん種類も本数も増加しているのだが、何よりも一本一本が大きく立派に生長していることがわかる［写真2〜5、表1、2］。

時間、歴史というものは、本当にありがたい。写真は樹木など「生きている緑」の底力を十分に教えてくれる。樹木の成熟がもたらす「エイジングの美」だけで、公園の良さのほとんどが決まるといっても過言ではないだろう。もっとも、そこには時の積み重なりのなかで〝樹木たちを支える人間たち〟の存在が欠かせない。

［写真4、5］緑の豊かさ。雲形池の鶴の噴水を南側からみた開園当初（上）と2008年の様子（下）。右上奥には首賭けイチョウが見える

開園当初は園丁《えんてい》さんと呼ばれる管理人がおり、その後は公園係の技手であったり、社会的に無名であったが、生き物への愛情では誰にも負けない技術屋集団あっての緑であった。

緑のサポーターのなかで唯一多くの都民にも知られているのは、日比谷公園生みの親でもある本多静六博士であろう。そして日比谷公園の緑の

鳥
オナガ
シジュウカラ
カワラヒワ
カルガモ
キジバト
スズメ
メジロ
マミチャジナイ
コイカル
シメ
ツグミ
ムクドリ
ハクセキレイ
ヒヨドリ
コゲラ
マガモ
カワセミ
ハシビロガモ
ダイサギ

蝶
ヤマトシジミ
イチモンジセセリ
アオスジアゲハ
ベニシジミ
サトキマダラヒカゲ
ウラギンシジミ
アカタテハ
スジグロシロチョウ
ムラサキシジミ
ツバメシジミ
キマダラセセリ
ツマキチョウ
モンキチョウ
アゲハ
クロアゲハ
チャバネセセリ
キチョウ
カラスアゲハ
モンシロチョウ
ヒカゲチョウ
キタテハ
ルリシジミ

トンボ
アジアイトトンボ
シオカラトンボ
コシアキトンボ
ショウジョウトンボ
ギンヤンマ
マイコアカネ

［表1］日比谷公園の生き物（調査＝藤本和典［鳥］、関洋［蝶］、養父志乃夫［トンボ］）

なかでも松本楼横に根を張る〝本多の首賭けイチョウ〟はまさに主役級の存在感だ。ときどき、新聞のコラムにも登場してきたし、かなり有名にはなっている。次のふたつの記事はその一例である。

「〝首かけ銀杏〟由来記――日比谷公園史に残る秘話――親元は本多博士」（昭和一二年七月一五日、朝日新聞夕刊）

「運命わける二公園の巨木　明・日比谷公園のイチョウ四百年を生抜く、暗・上野公園のシイ樹齢尽き切り倒す」（昭和二七年七月一二日、朝日新聞、著者注＝日比谷公園のイチョウは本多の首賭けイチョウであり、上野公園のシイは太田道灌が雨宿りをしたと言われていた古木だった）

これらは四〇〇年以上も前、家康の江戸入城以前から現在の日比谷交差点あたりに生えていたイチョウの巨木を工事の邪魔だからと伐倒しようとしていたのを、日比谷公園の設計者・本多静六が東京市参事会議長の星亨にかけあって現在地に移植し守ったというエピソードについての記事である。

声なき樹木の声を代弁し、巨木を保存活用したこと、役所仕事に抵抗して大物政治家に自身の職の首を賭けて談判する学者の勇気に拍手が贈られているのであろう。じつは、巨木であっても

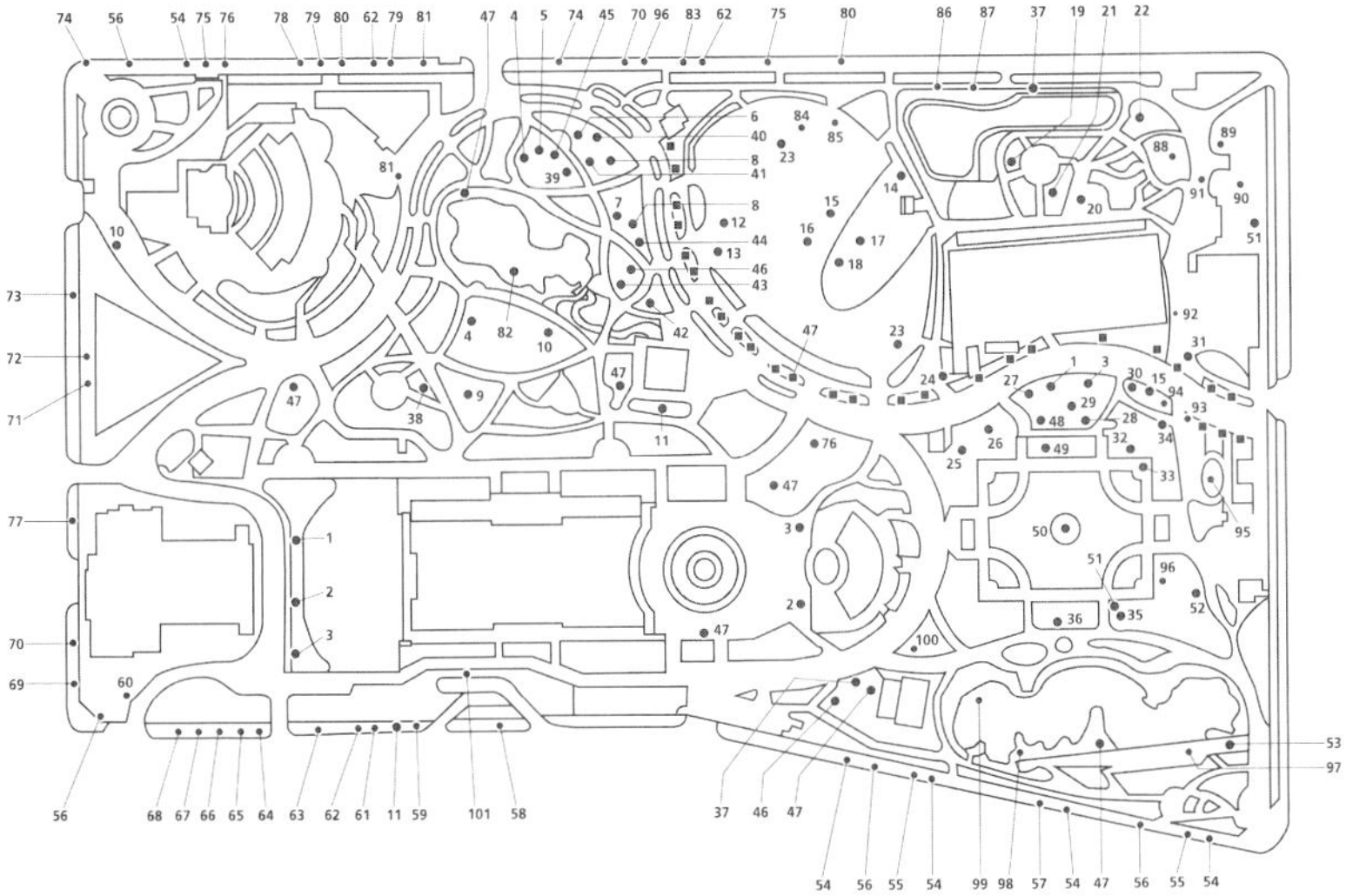

珍しい樹木・代表的な樹木

1 アメリカスズカケノキ
2 スズカケノキ
3 モミジバスズカケノキ
4 トネリコ
5 チシャノキ
6 シナサワグルミ
7 アベマキ
8 モミジバフウ
9 シダレハナミズキ
10 バクチノキ
11 カリン
12 フユボダイジュ
13 ボダイジュ
14 オリーブ
15 ムクロジ
16 ユーカリ
17 ナナメノキ
18 メタセコイア
19 ミツデカエデ
20 サトウカエデ
21 ピンオーク
22 ストローブマツ
23 シンジュ
24 ヤマザクラ
25 アメリカキササゲ
26 セイヨウサンザシ
27 カジノキ
28 イスノキ
29 ホソバイヌビワ
30 タラヨウ
31 リキダマツ
32 ウンナンオウバイ
33 アーモンド
34 キハダ
35 オキナヤシ・ヤタイヤシ・カナリーヤシ
36 キソケイ
37 アカガシワ
38 クスノキ
39 サイカチ
40 カヤノキ
41 ハゼノキ
42 オオバノイボタ
43 ウメバガシ
44 イノキ
45 シナノガキ
46 マメガキ
47 イチョウ
48 アカンサス
49 バラ
50 シュロノキ
51 ワシントンヤシ
52 アメリカハナミズキ
53 オオケヤキ

そのほかの樹木

54 ショウガツザクラ
55 カンヒザクラ
56 ヤエベニシダレ
57 センダン
58 ムベ
59 アンズ
60 イチイ
61 マルメロ
62 ミツマタ
63 ナンキンハゼ
64 ブルーベリー
65 キンポウジュ(ハナマキ)
66 ネムノキ
67 ウコンザクラ
68 アメリカデイゴ
69 クロガネモチ
70 ナツツバキ
71 アカシデ
72 クマシデ
73 リンゴ
74 カラダネオガダマ
75 シダレザクラ
76 ウメ
77 ハクモクレン
78 コブリザクラ
79 ロウバイ
80 サンシュユ
81 タブノキ
82 ヤマトアオダモ
83 ベニバナトチノキ
84 テウチグルミ
85 シラカバ
86 サイプレス
87 ニオイヒバ
88 テマリシモツケ
89 ブラシノキ
90 ビワノキ
91 セイヨウトチノキ(マロニエ)
92 エンコウスギ
93 ヒイラギ
94 モクセイ
95 コブシ
96 ユズリハ
97 ムクノキ
98 カツラ
99 ヨシ
100 ゲッケイジュ
101 キンモクセイ

[表2] 日比谷公園の植物(資料提供=直江宏/東京都公園協会)

枝をおろして根巻し菰《こも》を巻き、養生するなど手順を踏めば、化石木といわれるイチョウの場合、移植は可能だ。それを十分理解していた本多教授の派手なパフォーマンスだったともいえるが、最近では〝首賭け〟を〝首つり〟と勘ちがいする人もいるとか。華々しい本多静六の活躍の陰に隠れてしまってはいるものの、日比谷公園の樹々はたくさんの事件に巻きこまれ、そのときどき緑の保存保全に対処した公園関係業界人の幾多の努力があったことを忘れてはならない。

東京のドまんなかに立地する日比谷公園の宿命かもしれないが、緑の受難の第一は道路拡幅と地下鉄工事による巨木の被害である。

「巨木の〝集団引越し〟――日比谷公園道路工事のため」（昭和三一年一二月一七日、朝日新聞夕刊）

皇居前広場から新橋方面に抜ける二六号線道路拡張のため霞門付近の樹木がジャマになった。最大は樹齢一五〇～二〇〇年、目方二、〇〇〇～三、〇〇〇貫。二〇人の職人が四日もかかって五～六メートルの大木をやっと引けた、費用は二五〇万円かかった、との写真入りの記事である。

「地下鉄工事でとんだ〝受難〟日比谷公園の樹木千本が引越し、公園沿いに通勤歩道も姿消す」（昭和三七年一〇月一五日、朝日新聞）

地下鉄二号（日比谷）線三原橋―桜田門間の工事のため、公園のお濠端は幅五メートル、長さ四〇〇メートル、面積二、〇〇〇平方メートルが割愛され、そこに植わっていた八七〇本が園内移植、七〇本は伐採、なかには樹齢三〇〇年、幹まわり五メートル以上の大木もかなりある、との記事。

緑の受難の第二は、公害すなわち排気ガスや地下水脈がらみでの枯死である。

「ハトが増えすぎて大弱りヒマラヤスギは公害で引退、日比谷公園」（昭和四三年二月一二日、朝日新聞）

園内に三〇本あったヒマラヤ杉が四、五年前から枯れはじめ伐倒された。残った二〇本も八割が枯死寸前。理由は排気ガスなど大気汚染、地下鉄工事、地下駐車場、高層ビル工事などで地下水脈が断たれたからか、と記事にある。

「けやきは悲しからずや排気ガスで息絶え、日比谷」（昭和四四年五月一一日、朝日新聞）

一日の自動車交通量一〇万台の日比谷交差点の排気ガスが原因と、公園事務所の植物係。日比谷見附跡の樹齢三〇〇年のケヤキが枯れたが、都民の名残に幹だけは残した、という。

樹木も生き物である。生育基盤としての土中環境も光合成のための地表環境もともに劣悪とあっては、健全育成にほど遠いは当然。二〇〇七（平成一九）年、心字池のプラタナスが倒れたのを機に園内の樹木の点検をすすめ、危険と判定された二七本を伐採してもいる。

しかし、災難ばかりではない。日比谷公園史には、緑の再生、復活への努力もある。

「昔に還る日比谷公園広場・ツツジ山・雲形池も」（昭和二八年三月三〇日、朝日新聞）

敗戦後、進駐軍（ＧＨＱ）に接収されていた公園の一部が接収解除されたのを機に、公会堂前の広場には砂利が敷かれ、ツツジ山には公園復旧記念として福岡県久留米市から贈られた久留米ツツジ一〇〇株が植えられた。

そしてこんな記事も。

［写真6］菰巻きされた本多の首賭けイチョウ（昭和43年3月31日、朝日新聞夕刊より）

「地下鉄、コイを追い出す　日比谷、工事で雲形池カイボリ」（昭和三二年二月二四日、朝日新聞）

地下鉄新線工事のために池の水を抜くことになり、都心でカイボリにはしゃぐ子どもたちの風景がみられたこともあったのだ。なお、ここで言う地下鉄は丸の内線で、まさに公園中央部を東西に横断している。日比谷公園の敷地内ではないが、周辺道路は祝田通り以外のすべて、すなわち晴海通り地下を日比谷線、国会通り地下を千代田線、日比谷通り地下を都営三田線が貫通している。地上は便利だが、地下環境はかなり変化している。

「芽ぶいた火あぶり大イチョウホウタイ姿で春をうたう松本楼焼き討ちから4ヵ月」（昭和四七年三月三一日、朝日新聞夕刊）

新左翼の学生運動による一一・一六松本楼放火事件で枯れてしまうと心配された本多の首賭けイチョウ（幹周六・三メートル、高さ二三メートル）は、幹が半分焦げたが、火事のあとただちに菰を巻き、土を入れかえ、堆肥など手当てをした甲斐あって復活した［写真6］。

結局、都市の緑は人間の愛情によって支えられている。だから、技術者の努力だけでは足りない。大勢の市民の理解を求める運動も大事となる。次の記事で紹介された植樹祭も、おそらく、井下清はそう考えて仕掛けたのであろう。現在は全国的に馴染みのあるこの運動も日比谷から発信されてたものである。

「樹植祭に集まった美しい八千の人々――雨の風情も一入《ひとしお》ふさはしくけふ日比谷の盛観」（昭和三年四月四日、東京朝日新聞）

新音楽堂に八、〇〇〇人を集めて、都市美協会主催の御大典記念樹植祭が開かれた。東京市長阪谷芳郎、前市長尾崎行雄、子爵渋沢栄一ら大物のあいさつ、府立女学校生らの合唱団の「植樹の歌」の披露、佐藤美子の独唱、石井漠の舞踊もあった。植樹祭ではなくて「樹植祭」とあるのが不思議だが、都心の公園で植樹の大イベントがすでに開かれていたこと、渋沢栄一が安行《あんぎょう》の植木を大量に寄贈していることも記事にある。

ひとと自然の関係には、時代も国も越えて普遍性がある。世界中に「アーバーデー」(Arbor Day)、「植樹祭」があり、日本でも公園文化の萌芽期からすでに企画されていたのである。

5章 波瀾万丈伝I——震災と戦争

「日比谷公園生活史」

緑豊かな花園。そんなイメージをもつ普通の公園にも、永い目で見ると「波瀾万丈の生涯」がある。

公園の魅力は、同じ公園はふたつとない「オンリーワンのよさ」だと思う。例えば建築のデザインはどんなに工夫しても、ガラスとアルミニウムとトラバーチンを張ってつくれば似通ってしまう。遠目にはみんな同じ矩形のハコ。人工物の宿命で、現代建築はお気の毒である。

ところが公園の場合はみんなちがう。たとえば皇居に隣接して文明開化の風を受けてつくられた日比谷公園と、上野公園のように東叡山寛永寺以来の史的遺産を数多く残し、そのうえに博物館、美術館、科学館、文化会館を足していった雰囲気では、公園の気分はまったくちがう。

新地に計画された公園と、前世の因縁が深く重く積み重なった公園はちがうのが当然である。

上野の山に対して浅草は川。墨田、台東の両区に桜樹いっぱいの緑地帯をとってつくられたリバーサイドパーク、隅田公園。その主人公は、サクラと共に隅田川の水面の広がりである。都心か、山か川か、下町か山の手か。立地や場所性もみんなちがうのが公園という「一品モノ」の魅力である。その場所、その空間に行かないと公園の魅力はわからない。公園に行って、歩きまわり、その場所の思い出、記憶、歴史を眺め、深く関わることで「公園のよさ」を味わうことができる。

それぞれ、人間同士がお互いその人なりの生まれ方、育ち方、波瀾万丈伝を知ってつきあうのと、知らないで表面だけでつきあうのでは大ちがいなようにである。

私はこのことを「公園生活史」とよぶ。それぞれの公園は誕生から今日まで数々の経験と出来事を重ねながら現在にいたっている。そのことを人間生活と同様、公園の生活史としてトレースする。そうすることで、その公園の魅力が何倍にも味わえ、楽しめる。と同時に、生活史を研究することは公園という施設の本質を学ぶことにもなるし、公園のあり方を考えることにもなる。

クローン人間でないかぎり、人間にはみな個性、その人にしかない魅力がある。だから色んな人たちとつきあう楽しみがある。公園も同様である。

防災施設としての公園

公園の機能は、時代時代で光の当てられ方も異なっていた。都会の空気が汚れていて、肺結核が不治の病と恐れられていたときは、植物の光合成作用が注目され、新鮮な空気が放出される大気浄化機能を強調し、公園を「都市の肺臓」と呼んだ。

高度経済成長期に自動車事故が多発し、子どもが多数犠牲になるようになると、遊び場やレクリエーション機能が叫ばれた。公害に対しては都市緑化が、人工巨大都市化に対しては環境保全機能が、ヒートアイランド現象に対しては気温低減機能がそれぞれ期待されてきた。

一九九五（平成七）年には阪神淡路大震災が起こり、以後公園緑地の防災避難機能が何よりも意識されるようになる。二〇一一年三月一一日の東日本大震災は被災範囲が広大で、これからは防災、減災に加えて国土と自然の保全施策の強化をテーマとしなくてはならないだろう。

ともあれ日比谷公園のみならず、東京の歴史ある公園のすべてに共通するのは、「震災」と「戦災」の波瀾万丈伝である。

『大正震災志』（内務省社会會局編、一九二六年）の関東大震災の記述は次のようになっている。「午前一一時五八分四四秒、関東地方に大激震（マグニチュード七・九）。火災随所に発生、津浪襲来。東京では、通信、交通機関、ガス、水道、電燈すべて停止。流言とび人心動揺。死者九万一三四四人、全壊焼失四六万四九〇九戸（……）」。

一九二三（大正一二）年九月一日のことである。

日比谷公園においても、たとえば松本楼は地下の調理場から出火して木造モルタル塗三階建は焼け落ちてしまった。さらに日本橋、京橋方面からの避難民で有楽門入口は大混雑となる。

当時、警視庁が調査した震火災直後の九月一、二両日における避難者数一覧表によると、日比谷公園が約一五万人、芝公園で二〇万人、宮城皇居外苑では三〇万人、上野公園五〇万人などとあり、公園広場に逃れた避難人口の合計は、一五七万人となった。これは東京市民（二一七万人）の約七割にあたる。

「震災直後の日比谷公園には５０，０００人が避難し、9月6日からはバラックが建てられ、１００棟（２４００坪）に６１７世帯３００８人を収容した」（小坂祐弘著『松本樓の歩み』日比谷松本樓、一九七三年）という記述もあれば、「日比谷公園は一夜あけたら一躍一五万人の小都市となり、有楽門一帯には四〇〇あまりの露天街が出現した」（東京朝日新聞）という記事もある［写真1］。

五万と一五万では違いすぎるが、一時避難と定住の違いかもしれない。記事からは住民が勝手に不法占拠したものとも読めるが、震災の年の一一月に東京市公園課長に就任した井下清の回想では、公園当局の発意であったことがわかる。

［写真1］日比谷公園有楽門付近から望むバラック群

「大震災は初震で通信と交通が途絶したので、各人は自分の周囲だけを知るのみで東京全市が焼けているのか、日本国中が災害を受けているのか全くわからず、ただ火からわが身を逃れるだけであって、渇いても飲み水はなく、飢えても食なく、夜に入っても身を寄せるところもなかったので、日比谷、芝、上野のような大公園になだれ込んだのであった。日比谷公園では前年水道が断水したときに非常用の井戸を掘っておいたので、その井戸から汲み上げて供給したのであった。翌朝になって菊花陳列の小屋のあるのを思い出して芝生に避難小屋として建てては じめると協力する人々が群ってたちまち十数棟が建ち、焼きト

［写真2］日比谷公園の花壇内に建てられたバラック群

［写真3］日比谷公園大草地のテント村

タン屋根が葺かれて最初の避難小屋ができたのであった。公園の樹林には焼け残りの戸障子やトタンの小屋が各所に出現し、軍のテントや毛布などが供給されるようになって皇居前広場や他の公園緑地内に任意の避難小屋が建ちならんだのであった。（……）数日して現在は噴水があり花壇となっている日比谷公園の大広場その他に、公設の避難小屋が建ち始め、浴場、郵便局なども付設されて救護体制が整いはじめたので、公園内の任意に仮設した小屋の整理をはじめた」（井下清著「震災と緑地」、『都市問題』所収、一九六五年九月）［写真2、3］

いざというときの公園行政の市民保護への心意気が伝わってくる。自主的に公園を開き、招き入れて人びとを救おうという考え方は、東京市の公園担当者が日ごろ「非常時の公園の使命」を自覚していたことからの帰結にほかならない。

多大な犠牲のうえではあったが、この震災を経験したことで「公園緑地の延焼防止機能や避難場所としての役割」が多くの人びとに認知され、いわゆる「帝都復興公園事業」に直結する。東京の震災復興公園は、内務省による浜町、隅田、錦糸の三大公園と、東京市による五二の小公園の合計五五公園が実現することになったのである。

ところで震災避難民のためのバラックやテントが園内の有楽門付近、第一花壇内に、それに大草地内に建ち並ぶ風景写真が残っているように、公園当局は緊急性に鑑み応急措置を敏速にすすめた。その一方で、沢田正二郎ら新演芸人が音楽堂で「大震災罹災市民慰安野外劇場・勧進帳」を上演している（一〇月）。生活に落ち着きが戻るとただちに緑豊かな公園という市民のオアシスの本来の姿を取り戻すべく、満一年以内に公設避難所を撤去するという強い見識を示している。このことはじつに驚くべきことである。

現在、多くの自治体でホームレスのブルーテントに公園が占拠されているのを傍観している実状と考え合わせると、当時の東京市が非常時と日常時のメリハリのある公園管理を適切に行っていたことにあらためて感心する。

戦時下の〝極限的〟利用

公園生活史にも、戦中戦後を通じ波瀾万丈の物語が多い。一九三九（昭和一四）年「東京緑地計画大綱」が内務大臣に報告されるが、その一部が翌々年「防空大緑地」として国庫補助で買収される。一九四一（昭和一六）年には内務省の土木局と計画局は廃され、かわって新設された国土局と防空局が「防空緑地計画」を発表。前年の一九四〇年九月には日独伊三国同盟が調印され、同一〇月大政翼賛会の発会式が行われた。一九四一年一〇月に東条英機内閣が成立し、同一二月のハワイ真珠湾攻撃でいよいよ戦争へひた走る。「欲しがりません勝つまでは」の標語が生まれたのは一九四二(昭和一七)年のことである。翌年には上野動物園のライオンなどが空襲時の混乱を理由に薬殺され、決戦料理の名で野草の食用が奨励されるようになる。戦況が激化するにつれ竹槍訓練、学童集団疎開が行われ、空襲被災が相次ぐのが一九四四(昭和一九)年である。そして一九四五(昭和二〇)年八月一五日に敗戦を迎える、推定死者約一、六八三万人、負傷者約二、六七〇万人といわれる。

こうしてGHQ(進駐軍)による、財閥解体や農地解放、公園等の接収などの戦後処理がはじまる。一九四五(昭和二〇)年一一月には、日比谷公園で餓死対策国民大会が開かれている。上野駅では一日六人もの餓死者が出るほどであったという。

余談だが、敗戦直後からの日比谷公園の一部接収について若干付言しておきたい。第一生命館に置かれた連合国軍総司令部にほど近い日比谷公園は、GHQ将校らの恰好のサロンであった。

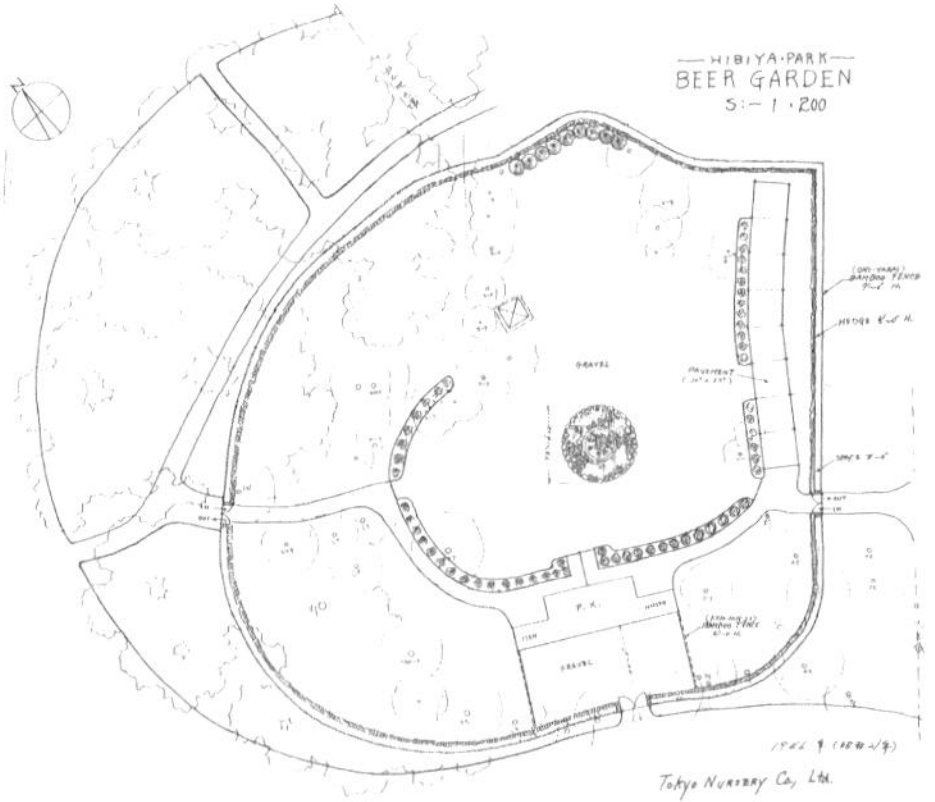

［図1］日比谷ビヤガーデンの計画図(高村弘平設計、1946年)。松本楼や雲形池はGHQに占領され、水が抜かれて池は屋外ダンス場にされた。図には「HIBIYA・PARK——BEER GARDEN」「Tokyo Nursery Co., Ltd.」「1946年」とある。公園北側の大草地にP. X.(Post Exchange=売店)とビヤガーデンを設計したこと、GHQ関連の特別調達庁と取引のある東京植木が提案したことがわかるが、実現したか不明(『高村弘平』高村弘平刊行委員会、1991年より)

松本楼、雲形池、野外音楽堂一帯は接収され、彼らの使い勝手に合わせて一部改造されもした。雲形池の水が抜かれ、ダンス場になったとか。また大草地を彼らの慰楽のためのビヤホールにしようという計画もあった［図1］。敗戦国の食糧難と、戦勝国のビヤホール計画（実施されたかは不明）の対照を若い人たちには知っておいてほしいものである。

平和な日常の象徴たる緑の公園でさえも、戦争という人災の犠牲にならざるをえない。戦時中は帝都を守る高射砲陣地を築くために防空緑地が配置され、既設公園では視程確保のために高木が伐採された。日比谷公園でも本多静六の首賭けイチョウの頂部が射程の邪魔になるので伐りつめられた［写真4］。

食料難が深刻化するなかで、公園内の草地や空地を開墾して畑とし、イモや野菜を栽培することもあった。日比谷公園でも畑がつくられているし、上野公園の不忍池にはイネが植えられて、上野田圃と言われたという［写真5］。

［写真4］高射砲の邪魔と
伐りつめられた本多の首賭けイチョウ

公園が畑になるぐらいはやむをえないが、空襲が激化するとたくさんの死者が出る。公園は、その遺体処理、仮埋葬場ともなった。そしてそのための仕事が公園行政の任務となったのである。現代の公園の様子からは想像できない出来事だが、公園のもつ極限的機能とでもいうべきか。

〝ゆりかごから墓場まで〟とは福祉施策の充実

ぶりを指す言葉だが、文字どおり、児童公園から墓園まで公園行政は緑福祉のすべてを担ってきた。その極限に「戦災死者処理事業」はあったのである。

このことに誠意をもって取り組んだのも井下清であるが、その間の事情を前島康彦が『東京公園史話』（東京都公園協会、一九八九年）で詳述している。深刻な話だが、だからこそ私たちはいまこのことをキチンと知っておかなければならない。それこそ〝人間の尊厳〟を守るために、人の嫌がる任務をかって出た公園マンたちの使命感であり、造園家が矜持を示した事蹟でもある。

［写真5］戦時中に畑と化した日比谷公園の一角

アメリカ空軍による初の空襲は一九四二（昭和一七）年四月、本格的空襲は一九四四（昭和一九）年一一月から、それがもっと熾烈になったのは一九四五（昭和二〇）年二月以降。そして三月一〇日の大空襲では、Ｂ29戦闘機約一五〇機による二時間余の低空波状じゅうたん爆撃で東京都区部の約四割が焼失、古今未曾有の大惨事となった。三月一〇日の一日での大空襲の人的被害数を『東京都戦災誌』（東京都、一九五三年）は、死者八万三〇七〇人、負傷者一一万三〇六二人、罹災者八八万九二一三人と伝えている。その後も四月一三日、一四日、一五日、一六日、二四日、二五日と、Ｂ29戦闘機が各一〇〇から二〇〇機以上来襲し、毎回一〇〇人近い犠牲者が出、東京はまったくの焼野原になってしまったのである。

今日、日本人は平和ボケと言われるが、ここまで具体的な数字を挙げれば、どんなにひどい情況だったか想像できるだろう。東京もほんとうに戦場であったのである。そんななか、東京都は秘密裡に「羅災死体処理要綱」（昭和一九年五月）を決めていた。

「死体処理事務、其計画並ニ指導、連絡統制ハ東京都計画局公園緑地課ニ於テ掌理シ（……）」とあり、埋葬場、棺、火葬用燃料、屍体整理標識など葬務のすべてに公園緑地課が責任をもつことになった。一九四四（昭和一九）年一一月から翌年八月までの空襲殉難者総数は約九万人、その三分の二は公園緑地課所管の公園・墓地に仮埋葬されたのであった。

日比谷公園もその例外ではない。たとえば、一九四五（昭和二〇）年一月二七日は有楽町駅近くに二五〇キロ爆弾が落とされ、五〇〇人の死者が出た。その屍体は公園職員、警備団員らによって日比谷公園の有楽門内花壇脇に運ばれたが、手足などバラバラになった人びとも多く納棺に難儀したという。戦時中の公園職員は、食料難に対して公園内に模範農園を拓き、公園内の銅像や鉄柵など金属回収にも従事し、さらに防空壕を掘り、屍体までも処理を請け負ったわけである。花や緑の平和な空間世界を創造すべき造園家が、その真反対の戦争の後始末にまわらなければならなかったことは何とも皮肉なことである。

政治家のなかには人びとを戦争に導く愚に気づかず大声で〝正義〟を叫ぶ者もいた。軍事費につぎこむ何分の一かのお金を貧しい市民に分配するほうが、よほど平和な地球をとり戻すのに有効であろう。ともあれ造園家としては、平和な公園を選ぶのか、仮埋葬場となる悲惨な公園を選ぶのか、大勢の人びとにアピールしなければなるまい。

6章　波瀾万丈伝Ⅱ——国民広場

政治的空間としての広場

公園は、緑地として平凡な人生を歩むだけではすまないらしいことは前項で触れた震災や戦災時の情況からもわかるだろう。

日比谷公園はそれ以前にも日本の首都の中央公園としての位置からも、設計者が想像もしなかったまったく別の運命をたどっている。

公園史家・前島康彦氏の言い方を借りれば、日比谷公園は「日本最初の洋風国民広場」と称されうる。国民広場というと、国民大衆が集う広場とやさしい印象を受けるが、そうではない。むしろ「国家広場」といったほうが実体にふさわしいかもしれぬ。

もともと古代ギリシャのアゴラ（agora）、古代ローマのフォーラム（forum）、ピアッツァ（piazza→英語のプラザ（plaza））、などといった言葉が現代にも生きているように、人びとが都市に集まって住むようになると、集会や物々交換など、政治的・経済的な活動空間である「広場」が誕生する。

いわゆるコモンスペース（common space）と同様、公園緑地系統（openspace system, park system）の一部をなすのが広場であるが、近代以後の大衆社会になると、政情によってはかなりラディカル（激情的）な政治的空間に変容する。

わかりやすい例を挙げれば、中国北京の「天安門広場」がある。中国、明、清王朝の王宮、紫禁城の正門が天安門で、重要な国事に際してはここで詔書が発布された。一九四九年、中華人民共和国の成立もここから毛沢東が宣言した。その門前が天安門広場で面積は四〇万平方メートル、一度に五〇万人が集まれる。もとは一〇万平方メートルであったが、中国成立後二度にわたって拡張されたと言われる。中国共産党の革命記念パレードなど示威行動の舞台として、ソヴィエト時代のモスクワ「赤の広場」同様に国家広場の代表例である。

国家広場というものは、ときとしていわゆる天安門事件のような流血の惨事をみせる、狂暴性を発揮する空間となる。その点で、造園家が想定していない特異な性格をもちうるのである。

設計者が想定した意図とちがう利用がみられるのは、公園空間の自由度を表象すると同時に、市民のパークライフ、市民の公園利用行動の多様性を示すもので、大いに歓迎されてよい。そのように考えると、設計者が想定していない「国家広場」的な出来事がみられることは、普段気づかない社会的政治的意義が公園にはあるということを証明してくれるものと理解してこれも歓迎すべきかもしれない。

文明開化の象徴として日比谷公園が登場し、近代日本の国家体制が整えられてゆく。以下、ここでは「明治憲法下の国家・大日本帝国」の激動する政治の舞台、その国家広場、国民広場としての日比谷公園の非日常性をふりかえってみよう。これこそ日比谷公園ならではの大公園生活史だからである。

動乱の公園空間

日比谷公園には三つの国民広場、いや国家広場的な空間があった。

そのひとつは、開園時より広場性をあらわして設計された日比谷門すぐに広がる「運動場」と「競走道」エリアで、一九〇三（明治三六）年六月一日の新聞記事で紹介される施設総括では、運動場四、八七〇坪、競走場（道）二、九五〇坪と表記されている。他は、一九二三（大正一二）年七月七日に落成記念大音楽会が開かれた「大音楽堂」であり、もうひとつは一九二九（昭和四）年一〇月一九日落成した「日比谷公会堂」である。後二者は共に、広場ではないが、そこでのイベントは実に国民広場、国家広場的性格のものも少なくなかった。

まずは開園時の運動場について、設計者本多静六はこう語る。「西プロシア（ドイツ）コーニッツ市営公園運動場の意匠にならい、中央を芝生、周囲は幅員6間、延492間の競走路」とした。開園時の図面には全体を運動場、周回路を競走道と表記、施設面積のメモには競走場として別立てで前述のように面積計算が示されている。

いずれにせよ、合わせて約八、〇〇〇坪、二万六〇〇〇平方メートル。天安門広場と同じ密度で計算すれば三万二五〇〇人が集まれることになる。後に公会堂の敷地となる一帯が割愛されて狭まるが、皇居のすぐ近く都心中の都心にこれだけ大勢が集まれる広場が存在するのに政治的に利用されないわけがない。

くわしくは巻末に年表を掲げるが、開園の一九〇三（明治三六）年、早や普通選挙期成同盟大会が開かれ、翌一九〇四年、〇五年には折からの日露戦争で、仁川海戦、遼陽城、旅順港などの占領祝捷会が続く。一九〇四（明治三七）年五月一〇日の朝日新聞には「祝捷の大提灯行列——日比谷から二重橋へ十万人」の見出しで、その様子を次のように伝える。

「日比谷正門を入りて左手の広場には中央天幕を張りて事務所を設け、卓上には扇芳亭、明治屋等より寄附せる酒肴ビール寿司軍用パン其他を山の如くに積み上げ勝手気儘に飲食せしめるが、此側には神田錦町の看護婦会より特派せる看護婦十数名陸軍軍楽隊休憩し居たり、而して之れを真中に各新聞雑誌社は各社名を記せる大旗を樹てて陣取しが（……）先導隊は陸軍軍楽隊を導きて日比谷正門を出づるや予て順序の予定され居るにも拘はらず我先きにと押出したるため頗る混雑を極め（……）新橋を過て銀座を練り京橋を左へ折れて鍛冶橋を渡り市庁前を過ぎて馬場先門を入り二重橋へ達せしは午後九時頃なりしが、同所にて万歳を連呼せし後桜田門を出で参謀本部陸海軍省に到り再び日比谷公園に帰りたるは同九時半頃なりき（……）行列隊混乱し死者19人出す」

一八九四（明治二七）年に日清戦争が開戦し、そして翌年の三国干渉勧告。その後、国民は富国強兵、臥薪嘗胆と走らされ、総兵力一〇九万人、戦費一九億八〇〇〇万円（うち七億円は外債）、戦死者八万七〇〇〇人におよんだ日露戦争が終結を見た当時である。講和（ポーツマス）条約調印の日、反講和を煽ったのは朝日新聞だった。その明治三八年九月五日号の見出しは「講

［図1］日比谷公園門破りの光景（明治38年9月6日、読売新聞朝刊より）

和と市中――市民の公憤・屈辱の打撃」［図1］。
「本日の国民大会鬱勃たる公憤の一大塊は日比谷原本日の国民大会となって揺らぎ出でたり、本日午後一時同公園に集まるべき数万の群集は直に会員となり壮快なる決議をなす筈にて（……）南品川の団結（……）例の御用紙国民新聞は一枚も購読せず其号外の如きも戸外に貼付ける事を一切禁じ合へり」

軍の実情も知らず戦勝報道に酔わされていた民衆の怒りが日比谷公園を席捲した。麹町警察署長は公園での大会は不穏と中止を勧告したが承服しなかったので、大会開始前公園六門を閉鎖し、諸人の入園を禁止したが、午後一時頃数万の群集は柵を突破して入園。予定通り大会を開き、不利な講和条約の破棄を要求した。終了後、霞門を出、桜田門から二重橋を経て、激昂した群集は内相官邸や国民新聞社を襲い、夜に入って各所の巡査派出所を焼き打ちした。翌日翌々日も電車や教会堂の焼き打ちが続き、戒厳令が布かれるにいたる。いわゆる「日比谷焼打事件」である。前出の記事中「例の御用紙国民新聞は（……）」と、新聞社同士の対立も見え隠れするが、朝日新聞（一九〇八（明治四一）年一二月九日／東京新名所）のコラムには日比谷公園は「東京の真中に在る大公園にして且騒擾事件以来物騒なる公園な

［写真1］伊藤博文国葬（日比谷門内広場）

り、市民大会国民大会焼打大会電車打壊大会其他警視庁の禁物なる公園なり、考へて見れば同庁より裏鬼門とかに当る公園なり電燈少なくして夜尚暗く人影朧なる辺り極めて物騒にして鬼女に鼻を摘まゝれる事あり」とある。新聞というものは大事件が起こっても意外に気楽なものである。

その後もしばらくは対支問題、内閣弾劾国民大会など政治集会が開かれたが、もちろん体制側のイベントの方が数では圧倒する。米、英艦隊の歓迎会、凱旋歓迎会、そして伊藤博文、大山巌、大隈重信、山縣有朋など明治の元勲の国葬会場となる。この点、じゅうぶんに国家的広場を象徴しているといえる［写真1］。

日比谷公園の西の隅は現在、県木の森と明るい噴水広場になっている。開園時は貴族院議長官舎敷地で、その後家庭裁判所となりやっと角地の全部が公園になった。この隣地で現在の野外大音楽堂周辺は、本多の設計図によるとドイツ林苑風と称された評判の芝生樹林地であった。本多静六は北ドイツのベンゼン市立病院の園地、植栽、園路を範として設計したと述懐している。ところが一九〇六（明治三九）年、戦役

用の徴発馬をここに多数繋留していた際、馬が樹皮を喰い荒し森林美を破壊してしまった。その後始末を兼ね、演劇、音楽、社会教育催事用の施設を東京市は計画したのだった。ちょうどフランク・ロイド・ライト設計の帝国ホテルが建設中の折りである。建設現場の残土や大谷石の残材を譲り受けて敷地二、八〇〇坪を整えるなどした。ステージ五三坪、聴衆席、立席を加えれば六、〇〇〇人収容可能で、完成（一九二三（大正一二）年七月七日）から二ヵ月後の関東大震災にも壊れず、ホールがほかにない時代、東京市民の娯楽場として大いに活用された。

ではなぜ、これが国家広場となりえたのか。すでに都内に立派な劇場、音響効果抜群のホールが次々できて、大音楽堂の意義を失いつつあるころである。岸内閣のすすめる日米安全保障条約の改定への反対運動が起こり、日比谷公園はその舞台としてたびたび登場することになる。一九五九（昭和三四）年四月一五日、「安保阻止国民会議第一次統一行動」の中央集会が日比谷公園で行われた。同一一月二七日、第八次統一行動では、国会請願のデモ隊約二万人が国会構内に乱入、翌年五月一四日には第二回国会請願デモ一〇万人を数え、五月二六日には一七万人が国会を包む。翌一九六〇年一月には全学連の学生七〇〇人が羽田空港ビルに座り込み警官隊と衝突した。六月一五日に全学連は国会突入を図り警官隊と衝突、東大生樺美智子が死亡し、負傷者は一、〇〇〇人を超した。六月一八日には三三万人が国会デモを行い、六月二四日、日比谷公会堂で樺美智子国民葬がとり行われた。こうした一連のデモの集合場所の多くが、いわゆる「日比谷の野《ヤ》音《オン》」であったのである。

新安保の自然承認と岸首相の退陣で、時代は池田勇人首相の所得倍増計画へと移ってゆく。池田の次は岸の実弟佐藤栄作が首相となるが、このとき、ふたたび「野音」に政治集会の盛り上がりが帰ってくる。たとえば一九六五（昭和四〇）年一〇月一二日、「日韓条約批准阻止」の社会・共産両党の統一行動は一〇万人の国会請願デモとなる。全学連各派、いわゆる三派系などの野音集会は、翌々年まで活発につづく。私も含めてそのころの、青春真盛りの学生たちは、革命前夜の興奮を体験したかったのかもしれない。

時代の舞台・日比谷公会堂

オープンスペースは、元来、緑が主人公の世界であって、建物をつくる場合はよほど、自然との調和、公園景観との関係を留意しなくてはならない。いわば「公園建築」とでもいえるような景観第一の建築であってほしい。その点、日比谷公会堂は日本最初の公園建築と呼んでもよいだろう。

かつて私は、建築家の故・内井昭蔵氏が世田谷美術館を設計されたとき、砧公園の一画に立地していたことから、内井さんを「公園建築家」と呼びたいですね、と話していたことを思い出す。日比谷公会堂は一九二八（昭和三）年五月に定礎式が行われ、翌二九年に一〇月一九日落成した。コンペで選ばれた佐藤功一の設計による、ゴシック様式、五層時計塔付の建物で、外観は茶褐色のタイル張りとなっている。この建物はもともと安田財閥を築いた実業家・安田善次郎からの三五〇万円の寄付金によって設立（大正一一年）された財団法人東京市政調査会のための「市政会館」であり（総工費二七五万円）、公会堂はその付属の施設（公会堂部分の敷地は五〇〇坪）

として設けられたものである。国政に対する調査機関として設立された市政調査会は、「何事も調査が基本」の主張で通っていた当時の東京市長・後藤新平の構想に安田が共鳴してできたもので、ホール正面の両脇には安田と後藤のレリーフがみえる。おそらく大東京にふさわしいホールの必要性はもとよりだが、調査会の活動の継続のための収入源としても公会堂を位置づけたのではなかったか。

実際この公会堂は永い間、大東京第一級のホールとして、コンサートや演劇の舞台として都民に親しまれてきたが、政府主催のセレモニーや各種団体の総決起大会、政党などの政治集会、演説会の会場としても多用された。

一九六〇（昭和三五）年一〇月一二日には、日比谷公会堂での三党首立会演説会で社会党の浅沼稲次郎が右翼の少年山口二矢に刺殺されるという衝撃的な事件が起きた。さらに一九六三（昭和三八）年八月一五日に第一回全国戦没者追悼式が挙行される。こうした史実からも日比谷公会堂が激動するわが国の近現代史の一舞台として重要な役割を担ったことがよくわかる。

いまの政治的情況から見るとこうした政治へのラディカルなパワーをみることもなかろうし、日比谷公園自身のパークライフもいまやおだやかな日常風景にとけ込んでいる。現在の日比谷公園は国家広場どころか、国民広場とさえいえない。そんな言葉がまったく無縁になっている現代を素直によろこぶべきかどうか私にはよくわからない。

7章　末田ますの〝ネーチュアスタディ〟

子どもの成長には自然あそびが一番

『人生に必要な知恵はすべて幼稚園の砂場で学んだ』とは、ロバート・フルガムの著書名（河出書房新社、一九九〇年）である。

子どもの遊び場は、その意味でほんとうはとても大切なテーマであるが、政治家やランドスケープ界の関心は決して高いとは言えない。むしろ都心から子どもの姿が消えて、児童公園の名が街区公園に変更される（一九九三年）など、関心は下がっている。

しかし、国をあげて少子化対策を推進しようとしているいまこそ、あらためて「子どものあそび場」を再評価すべきだろう。私もメンバーとして審議に参加している日本学術会議では二〇〇六〜二〇一一年にかけて、政府に対し、「子どもを元気にする環境づくり戦略・政策検討委員会」（仙田満委員長ほか）から数次の提言を出している。委員会では、子どもたちの家庭、学校、地域での環境の激変、生活時間の変化、食生活の劣化などと、精神的、肉体的諸問題が指摘され、その改善方策の緊急性などが議論されている。

およそ人間というものは、たくさんの経験、体験を重ねながら成長し発達するものである。にもかかわらず、現代っ子たちがおかれた状況は極端な体験不足、とくに野外遊びや自然体験が激減している。塾通いが定常化し、テレビやゲームが学校で過ごす時間の数倍におよぶなか、公園緑地や原っぱなどアウトドアでのふれあいは非日常のセンセーションとなってしまっているのだ。

こうして受験勉強だけで育ってきた現代っ子たちは、偏差値は高いが、大学生になっても幅広の教養に欠け、常識も決してじゅうぶんではない。

人間らしく成長するためには自分ひとりでは生きられないことを学ぶ必要がある。それには野外教育が有効だ。キャンプでのテント張りは、かならずもうひとり相手が要る。向こう側を引っ張ってもらってこそ、こちら側へ引っ張ることができる。ひとりではテントひと張りさえ不可能なことを知り、友だちの存在をはじめて認めることができるのである。

アウトドアで生きるためには、仲間が要るし、自然の恵みなしではなにひとつ不可能だと知る。だからこそヒトやモノの価値に気づく能力、いわば感性を磨くことも必要になるのだ。

アメリカでは、学校教育ではもちろん家庭や企業の職場単位でもキャンピングが盛んで、そのためのキャンプ場の整備も全国的にいきとどいている。本章の主人公・末田ますもアメリカで学んだ経歴をもち、自然を保護する「国立公園」や、人と自然の関係を深めようとする「自然文学」はアメリカ生まれである。

都市化の波とあそび場のはじまり

哲学者の沢田允茂《のぶ》は『認識の風景』（岩波書店、一九七五年）で、ひとが物事を真に認識するためには、真接目で見ることが一番だと述べている。目に映ることで認識が一段とすすむという。教科書教育の反動として戦前に提唱された教育運動に「労作教育」というものがあったが、これも体験教育を志向していた。

環境教育を推進したドイツの教育者クルト・ハーン（Kurt Hahn、一八八六〜一九七四年）もいう。「若者たちに大人の考え方を強いるのは間違っている。しかし〝経験〟を強要するのは義務である」と。

〝創造性〟にかかる脳の部位は前頭葉で、たとえば砂場で遊んだり、農業体験で土や野菜をいじったり、手先を活発に使う動作を繰り返すことによって、この部位へ刺激を与えると言われている。

子どもは、遊びを通して体験を積み、生き物としての人間の成長発達を図ってきた。自と他との関係性、馴れと発見、学習と創造、他の人間や環境とのコミュニケーション、ほかの生き物との共生の必要性など、たくさんのことを学んできたのだ。

ところが、現代文明の進展は現代人をして自らの生産活動（体験）を経ずして、高度の工業文明の成果を安易に手にすることを可能にしてしまった。このことは、本来、人間は自らの手で衣食住をつくることで、〝生きている実感〟を得てきたのに、安価な衣類が中国からもたらされ、ファーストフードと冷凍食品を食べることに慣れ、プレハブ住宅を買わされるなど、ただ受身のくらしを余儀なくされ、本当に自分の手で生きている実感を喪失させられてしまうことを意味する。

マスコミとインターネットからのバーチャルな情報が氾濫するなか、こうして情報の取捨選択のための適切な判断力さえ養えない〝体験に乏しい現代人間〟をもたらしてしまったのである。話が文明批判にまでおよんでしまったが、このことはひとり〝子どもたちの問題〟にとどまらない社会問題だと思うのである。

ところで、「体験こそ人間を育てる近道」という認識に立って、子どもの将来を考えていた人びとがいた。造園家であり、東京市で実質的に初代の公園課長を務めた井下清（一八八四〜一九七三年）と、その実践面での担い手となった児童教育の実践家末田ます（一八八六〜一九五三年）女史である［写真1］。その舞台となったのが日比谷公園の東北部一帯に設けられた「日比谷児童遊園」であり、旗印としての運営理念「ネーチュアスタディ（nature study）」、すなわち自然学習が強く推奨されたのである。

［写真1］末田ます（1886〜1953年）

日本では、一九一九（大正八）年に都市計画法が定められた。それにもとづく「都市計画標準」（内務次官通知）で、大公園と小公園の分類がなされ、小公園はさらに近隣公園と児童公園に分けられた。児童公園は少年公園、幼年公園、幼児公園が含められて整理されたもので、これが公的な遊び場計画のはじまりである。

このことに対応して、一九一九年ころから日比谷公園でもブランコ、スベリ台、固定円木などの遊具が井下清によって設けられ児童遊園らしいコーナーができた。一九二二（大正一一）年からは公園での児童指導も試みられるようになる。

「かくて造られたる公園をいかにして働かせて行くか、未だ公園の利用に対して未熟な人々をいかに扱って行くか、特に利用者の大部分であるところの児童をいかに扱って行くか、この重大な使命を担って公園の児童指導が始められた」（森春雄、『児童生活』九巻3号、一九四一年）。

子どものころからキチンと公園利用の躾をすれば大人になっても公園利用のマナーがまもられる、というのが当時の公園管理者の考え方であったのは確かである。

と同時に、当時の事情、すなわち日清日露の両戦役以後、第一次の都市化現象が東京にあらわれ、すでに子どもたちを都市病理が襲いはじめていたことが、以下から読みとれる。

「遊び相手のない都会の子供」（矢津春男、一九三五年）。

「都市に生活する子供たちは本当に可哀想。電車が走っており映画館が軒を並べていても、自然環境を失っていては幸福な場所とはいえない。子供は自然の懐の中で自由に育てたい」（末田ます、『児童生活』一巻1号、一九二八年）。

以上の言い方は、日比谷公園を中心に活動した一九二五（大正一四）年発足の社団法人日本児童遊園協会の機関誌『児童生活』所収による。子どもの生育環境をテーマに、保育学、児童文学、造園学、公園行政関係者が集まった協会であり、その直接的契機は、一九二三（大正一二）年の関東大震災による都心の混乱、バラック街の出現、少年たちの不良化防止の必要性、公園利用マナーの向上策の必要などであったと思われる。

「子どもたちを救わねば！」――焦土から発せられた声

こうした状況下、一九一七（大正六）年に渡米していた末田ますは一九二三（大正一二）年にアメリカ留学から帰国、ＹＷＣＡにおいて児童指導の仕事に携わっていたところ、東京市からさそわれ、翌一九二四（大正一三）年六月から東京市公園課高級嘱託として日比谷児童遊園の責任者に就任する。

末田は後に日比谷児童遊園と東京市全域での児童指導の記録と経験を『児童公園』（清水書房、一九四二年）という単行本にまとめている。

書名こそ『児童公園』となっているが、「都市の緑のなかで、いかに子どもたちを成長させ発達させるか」、その普遍化をめざしての体系を示さんとの熱情を感じさせる名著であるといえる。まさに、日比谷での記録に止まらず、一般化、普遍化を期待して普通名詞の書名としたものと解すべきであろう。

同書のなかで末田は追憶する。

さて、日比谷公園へ行って、自分のこれからの仕事場をみたとき、私は本当に決心がつきかねた。大災後とはいえ、公園の一隅にただ木製のブランコ数台と、そしてこれも木製のスベリ台が二台、さびしく並んでいるだけの場所でしかなかったからである。しかし設備の貧弱なことより何より、決心をつけかねさせたのはＹＷＣＡにおける楽しい昨日までの仕事であった。これは冒険だなあというのが私の心に湧いてきた最初の感想であったが、また思い直せば、子供のための仕事として誰かがやらなければならない仕事であり、また特に私に与えられた仕事でもあるように思われてきた。そしてついに私は、日比谷公園六万坪の一隅にあるこの約三百坪の狭い天地を何とか切り開いてみようと決心した。（……）それから約三年間は苦難の時代であった。まず、私が第一に要求したことは周囲に垣根をつくってほしいということであった。子供たちを園内交通の流れから保護しようということだ。柵を巡らしてみると、私は意外な心境になった。私の天地がはっきりとしてとても落ち着いたのである。大人にこのような効果のあった柵が、子供たちに無意識であろうともいい効果をもたらしたであろうということは想うに難くはない。毎日百五十人位の子供たちがどこからか集ってきた。

このころの日比谷公園はおよそ三万人の震災罹罹災者のバラックが立ち並ぶ状況であった。いわばそういう焼け跡の都心で、日比谷公園の一隅に末田ますワールドがつくられはじめたのだ［図2］。子どもたちを救わねば！というミッションを自覚した末田女史は、その仲間たちとともに立ち上がった。

末田の考え方を紹介しよう。

子どもは、種々の遊戯を通して体育、智育、徳育を発達させる。シカゴ市の例では、小公園が開設されたことで少年犯罪が四四パーセント減となっている。ただ、いくら愉快に遊ばせるとい

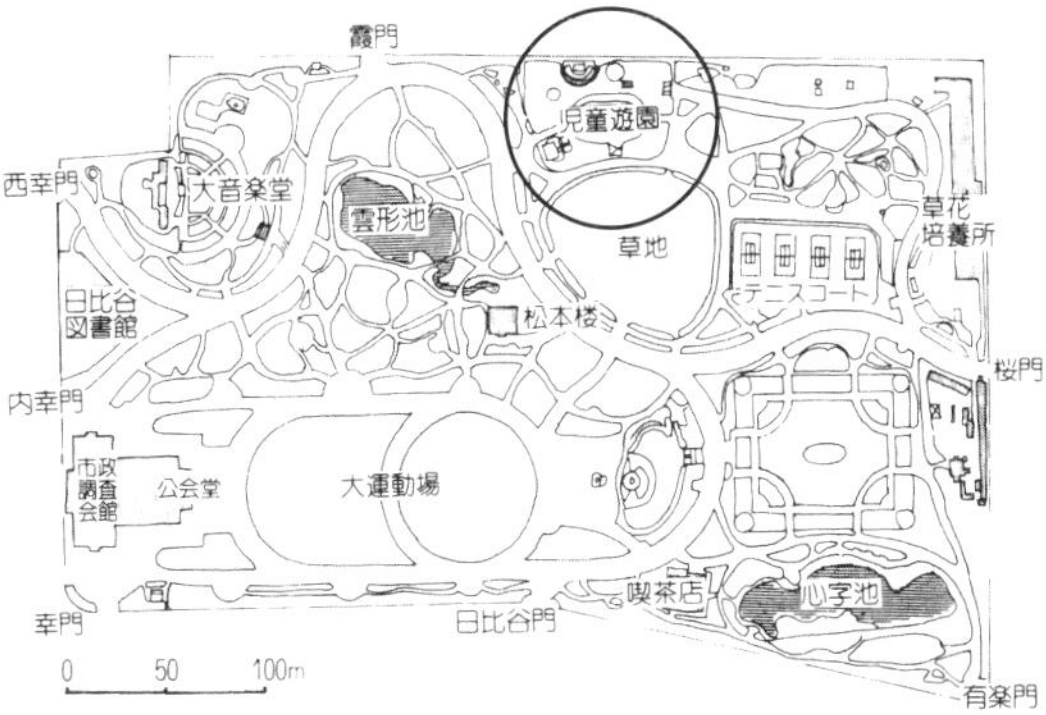

［図1］ 1930（昭和5）年の日比谷公園。児童遊園は上図の上方に位置している

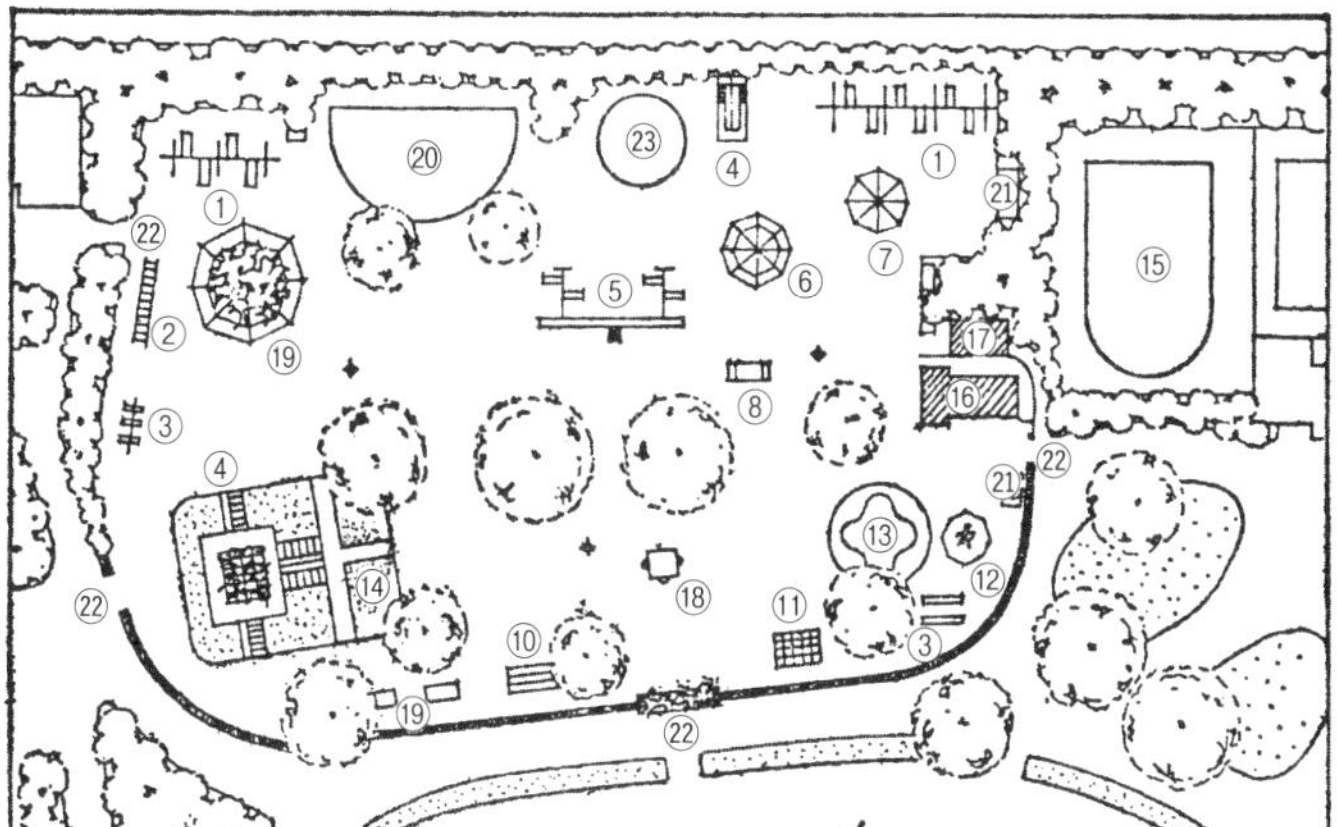

①ブランコ
②ホリゾンタルラダー
③シーソー
④スベリダイ
⑤パークプレイステイション
⑥オーションウェーブ
⑦レボルビングパラレル
⑧動躍臺
⑨腰掛ブランコ
⑩ロッカバイスウイング
⑪ジャングルジム
⑫登り木
⑬プレープール
⑭砂場
⑮徒歩池
⑯指導員詰所
⑰便所
⑱飲用水栓、手洗栓
⑲藤棚
⑳水禽舎
㉑小鳥舎
㉒門
㉓大砲

［図2］ 1942（昭和17）年ごろの日比谷公園児童遊園平面図（『兒童公園』清水書房、1942年より）

っても放任しておいては不良少年少女の巣になってしまう。児童心理を知った経験豊かな指導者を置くことで、彼らの兄弟となり、よき母親として善導する必要がある。

ここで末田がいう指導者とは、ボストンではじまった「砂遊び場づくり」(サンドガーデン)運動やシカゴの児童遊園における「プレイグラウンド・ディレクター」の意義を踏まえた考え方で、東京市では公園課に「公園指導掛」がつくられ「児童指導員」として制度化されたものである。近年いわれている「プレイリーダー」と同じと考えてよいだろう。

末田ますは、三〇〇坪の柵内で児童指導に励む。午前中は学齢前の幼児、午後になると学校生徒がそれぞれ出入りして、延べ数にすれば一、〇〇〇人以上に達した。

末田は、井下に懇願する。団体遊戯を指導するための広場、夏季、水遊びを可能にする徒渉池、砂場やブランコの増設など。井下はただちにその充実を果たす。こうして末田の熱意によって利用者は増加し、遊園の評判は高まった。一九二五(大正一四)年秋には三〇〇坪から六〇〇坪への第一次拡張、一九二八(昭和三)年には六〇〇坪から九〇〇坪への第二次拡張へとすすむ。翌二九年には児童遊園内に「幼児遊園」を開設、「日比谷児童クラブ」を結成、「公園羽根つき大会」などの年中行事化やイベントのシリーズ化が行われ、そして九〇〇坪から一、二〇〇坪へ第三次拡張が決まった。一九三二(昭和七)年には「公園母の会」が結成され、さらに一九四〇(昭和一五)年二、八五〇坪の「特設児童遊園」化へ第四次拡張にいたる。

井下公園課長は、この昭和一五年から正式に「東京市公園課公園児童掛」を置く。初代掛長相川要一技師ほか三一名、うち児童指導員二三名の体制であった。指導部は、日比谷公園にある本部に指導員主任（一名）、体育競技専門指導員（二名）、音楽専門（一名）、手工専門（二名）、幼児専門（一名）。支部には、日比谷公園／東京中部方面（三名）、芝公園／南部方面（四名）、清澄公園／東部方面（四名）、上野公園／北部方面（四名）、井之頭公園／西部方面（二名）におかれ、東京市内一八〇ヵ所の公園で児童（巡回）指導にあたった。毎月のべ一五〇回におよぶ子供会をはじめ各種季節行事を運営した［写真2］。

［写真2］日比谷で行われた夏季指導緑蔭読書会
（『児童公園』清水書房、1942年より）

〝ネーチュアスタディ〟再考

末田の方法は、「ネーチュアスタディ」（自然学習）というもので次のような特徴があった。

一、学校とはちがって解放された気持でいられる子どもの楽園（＝公園）を活用する。

二、園内の植物や昆虫、小鳥を教材に、自然に対する知識を園内探検や紙芝居、お話で楽しく学ばせる。

三、砂遊び、ボールゲームなどグループ遊びで協調性、社会性を養う。

近年、環境教育の必要性が叫ばれている。その意味で、「ネーチュアスタディ」は日本における先進事例であった。しかも、理屈（知）で教えるのではなく、体験と感性（情緒）を大切にしている点で、環境教育の本質をついている。

こうして「日比谷の児童遊園に通わせれば、身体も丈夫になるし頭もよくなる」という評判が立ち、「公園母の会」という支援組織がつくられたほどに大発展した。

しかし空襲の激化から公園での集会が禁止されると、児童指導も中止となる。戦後の一九四八（昭和二三）年に日本児童遊園協会の事業として再開され一九六〇（昭和三五）年東京都主催に切りかえられたものの、都の公園協会への労力寄付として指導員二名が派遣されるのみというさみしいものとなった。関係者の継続への熱意で細々とつづいたのだが、ついに一九六七（昭和四二）年三月、公園での児童指導は終幕となる。その直接の契機は、公園母の会の登録者（通園バスへの会費納入者）のみで「公園を私物化している」という朝日新聞への投稿であった。

それにしても、施設の建設と維持管理が主とされがちな「ハード本位の日本の公園行政」の歩みのなかで、めずらしく、次代を担う子どもの心身ともの発達をめざそうという「ソフト本位の公園運営」の典型的実績であった日比谷の児童指導、児童遊園があっけなく廃止されたことはきわめて残念なことである。

おそらく投書のあった一九六五（昭和四〇）年当時、児童対象の幼稚園や保育園が充足され、行政組織の縦割りもすすんで「公園行政が、児童福祉までやるのか」という雰囲気があったことは想像に難くない。

しかし、いまあらためて〝子どもの発達、育成にとっての「遊び」、そして「自然」の意義を考える〟と、井下・末田らの思想が、いかに先見的であったか、日本社会全体から再評価されるべきではなかろうかと思うのである。

8章　イベント・オリエンテッド

ソーシャル・オリエンテッドへの転回

一九七七（昭和五二）年、アメリカ、ロングアイランド大学のアルバート・ファイン（Albert Fein）教授が来日した。そのときの講演は「フレデリック・ロウ・オルムステッドとランドスケープ・アーキテクチュアの意味」についてであった。

近代造園の父、オルムステッド（F. L. Olmsted［1822-1903］）の誕生から一五〇年、ニューヨークのセントラルパーク設計から一二〇年。アメリカの造園界（ランドスケープ界）もいろいろに展開してきたが、そのころは迷いもあって、その原点を確認しようとオルムステッド再評価ブームが起こった時期だった。以下はファイン教授の指摘である。

世界の近代的都市公園の嚆矢はセントラルパーク（OlmstedとC. Vaux［1824-95］の共同設計、一八五七年）であるが、この公園を完成するプロセスでオルムステッドは新しい職能〝LANDSCAPE ARCHITECTURE〟を提唱し、自らLandscape Architects 第一号を名乗る。ランドスケープ・アーキテクチュア（日本では近代造園学と訳している）の果たすべき役割は何か、またその専門家としての能力はいかなるものかという問いに対し、オルムステッドはいくつか挙げている。

一、工業化と都市化をコントロールすること。二、都市の公園や緑地、緑の住宅地などを土地と調和したものに創設していくこと。三、そのために、ランドスケープ・アーキテクトは歴史というものにじゅうぶんな理解をもち将来を展望できるような「ソーシャル・プランナー（Social Planner）」であるべきこと。四、また、工業化のマイナス面は人工的要素を環境のなかに持ち込みすぎることだが、これに対抗するには自然（植物）材料を活用することが有効で、ランドスケープ・アーキテクトは元来「サイエンティフィック・ファーマー（Scientific Farmer、科学的百姓）」とでもいわれるほど自然に関するエキスパートでなければならないこと。五、このほか、ランドスケープ・アーキテクチュアのめざす環境はさまざまな専門家の相互努力（interdisciplinary effort）の結果できるものであるから、ランドスケープ・アーキテクトは機械、土木、構造、建築、園芸、植物など多彩な分野のエキスパートと高いレベルでコミュニケーションできるだけの見識や広範な知識にもとづく総合力が必要であること、などを挙げている。

以上の指摘は、ランドスケープ技術が「自然」を取り扱うものでありながらも、「人間」、もしくはその集団である「社会」のあり方までも含めたきわめて総合性の高い技術であることを示している。

事実、セントラルパークにはじまるオルムステッドの活動は、ボストンのパークシステム（公園系統―緑の都市計画）、シカゴの万国博（都市美・都市設計）、イエール大学やハーバード大学のキャンパスプランニング、ナイアガラ瀑布《ばくふ》の観光地計画、ヨセミテの自然保護計画へと〝人間と自然の調和共存〟をめざす一九世紀アメリカの輝かしい文明を実現していったのである。

ファイン教授は、こうしたオルムステッドの活動を「社会指向型のデザイン職（Social Oriented Design Profession）」としてのランドスケープ・アーキテクトであったとする。ところが、その後のアメリカは分業化がすすみ、徐々に仕事が限定され、特定の広場や公園、リゾートの造形・造景の専門家になってゆく、いわば〝デザイン・オリエンテッドのランドスケープ・アーキテクト〟になってしまう。

おそらくファイン教授からのメッセージは、いま一度オルムステッドの原点に立ち戻り、〝ソーシャル・オリエンテッド（社会指向性）〟のランドスケープ・アーキテクツをめざしてほしい、ということではなかったか。真の意味でソーシャル・オリエンテッドのランドスケープを実現するには、造園家自身が政治家になるか、市民との協働を通じて活動家として社会変革を成し遂げるしかない。

しかし、モノの形や大きさ、色、意匠のみを操るだけの狭義のデザイナーとは違って、市民参画のワークショップを通じて公園づくりを進めたり、ＮＰＯや企業、ナチュラリストを交えて自然再生をリードするプロジェクト・リーダーとして活躍するランドスケープ・アーキテクツはずいぶん増えている。

そして何よりも、市民福祉を第一にがんばってきた公園行政マンの本質が、まさにソーシャル・オリエンテッド・ランドスケープ・アーキテクトと言い当てられるのではないだろうか。

イベント・オリエンテッドの魁《さきがけ》

公園に植樹する営みそのものは、公園管理者にとって日常的なことであるが、「植樹祭」「アーバーデー」として企画すると特別な出来事＝イベントとなる。行政にとってこれまでは、当然のことをルーティンワークとして粛々とこなすのが常であった。しかし、多くの市民の協力を得たり、市民意識を変えてもらわないと成功しないような施策の場合、イベントを仕掛けながらすすめる方が効果的だということがわかってきた。

国家レベルでは、オリンピック誘致や万国博の開催によって、たとえば〝国民の一体感〟や万博なら〝技術〟、花博なら〝緑〟、科学博なら〝サイエンス〟への世論喚起が意図された。それほどではないが、公園の場合も〝人間のための公園（Parks for People）〟、〝ユーザーのための公園（利用者に喜ばれる公園）〟をアピールするためにイベントが企画される。

イベントは、公園のソーシャル・オリエンテッド政策のもっともわかりやすい表現なのである。開園当初から軍楽隊のブラスバンドの演奏を定期開催した日比谷公園は、その意味において「社会的存在としての公園」を自覚し、そのしつらえとして奏楽堂を配置し、演奏会というイベントを位置づけてきたともいえる。

イベントには、奏楽堂（小音楽堂）、公会堂、大音楽堂（野外音楽堂）など大勢の人びとを集める施設が舞台となりやすいが、日比谷では小規模ながら早くからイベントが企画されていた。

読売新聞の紙上で拾ってみると、「心字池のほとりに豆電球を明滅させて人工蛍を演出」（大正八年五月二日）、「尾崎東京市長がワシントン市に贈った桜の返礼で届いたアメリカからのカルミア一〇余株を日米親善のため公園事務所前に展示」（大正九年五月二二日）、「日比谷公園の芝生で虫取り」（大正一二年八月七日）といった記事の他、「ガチョウ」（大正一一年二月二日）、「羊」（大正一一年七月一〇日）、「熊とサル」（大正一二年三月五日）、「子ぐま二頭」（昭和二年七月一日）といった動物の名も見受けられる。かつて東京市公園課長だった井下清氏からの話を前にも述べたが、小動物を飼うと子どもたちが大喜びするので、公園利用者増強策の切り札は動物の導入だったのだ。およそ、イベントというものは、こうした利用客動員の手段として活用されるのがふつうである。

［写真1］公園での羽根つき大会
（日比谷公園テニスコートで、1929年ごろ）

　しかし、日比谷公園の児童遊園におけるイベントはすこし違った。指導者末田ます女史は日本古来の年中行事を公園子供会の中核にすえたのである。いま風に言えば、「公園における日本文化の継承」とでもいえようか［写真1］。

　一月――運動場で凧揚げ大会、テニスコートで羽根つき大会（ともに昭和四年から、後は運動場で）。三月――日比谷公園公会堂で公園ひなまつり。四月――子どもたちに苗木を分けて植樹祭。五月――小音楽堂前広場に鯉幟り、公会堂に武者人形を飾る。七月――音楽堂で七夕祭り、七夕のいわれを話し、歌や踊りで過ごす。一〇月――公園祭。一一月――運動会、菊祭子供会。

一二月——クリスマス、後、忘年子供会。

市政記念日の一〇月一日には、公園祭子供会が開かれた。公園の意義やこれまでの公園発展の努力を偲ぶといった、いわば日ごろ親しんでいる公園に敬意をもって接しようというイベントだ。緑を愛する心は子どものころに、ということ。学校行事が充実した今日では考えられないスケールの運動会も挙行され、これには一、〇〇〇人近い参加者があった。クリスマスは昭和初期まではよかったが、戦時色の強まるなかで批判の的になり、「忘年子供会」に名称変更された。そして敗戦。GHQによる接収解除は、公会堂が昭和二四年、大音楽堂が昭和二六年で、やっと戦後らしい明るいイベントが日比谷を舞台にくりひろげられるようになる。

一九五〇（昭和二五）年には東京都主催「第一回春の野外創作彫刻展」がはじまる。文化国家を標榜する戦後日本を象徴するようなイベントが公園でスタートしたのである。場所は第一花壇の芝生地などが中心で、小野田セメント会社が提供した白色セメントの彫刻が並んだ。

「TOKYO MOTOR SHOW」（第一回全日本自動車ショウ）は、一九五四（昭和二九）年四月二〇日～二九日の一〇日間で来場者はのべ五四万七〇〇〇人を動員するほどだった。この催しは後に晴海の国際見本市会場に移るまで続く。昭和二九年に大音楽堂が復旧し、翌三〇年には陳列所の改修がなる。昭和三二年公会堂大改修、昭和三五年画廊改築、昭和三六年大噴水・沈床芝生広場完成と続き、昭和三九年には公園資料館が公開されるなどイベントの舞台装置が着々と整備されてゆく。一九八四（昭和五九）年にはいまもつづく「全国都市緑化フェア」が開催された。

朝日新聞の昭和三一年四月二〇日の記事には運動場での第三回全日本自動車ショウと、花壇での第七回春の野外創作彫刻展の開催が紹介されている［写真2、3］。

日比谷一〇〇年イベントがパークマネジメント元年

一九〇三（明治三六）年六月一日開園の日比谷公園は、二〇〇三（平成一五）年六月一日に一〇

自動車と彫刻

日比谷公園　野外展二つ

○…東京日比谷公園できょうから第三回全日本自動車ショーが開かれた。フランスのルノー、英国のルーツ・グループとの技術提携による新車や、はじめて作られた大型乗用車の試作品など美しい流線型の車体がズラリ。

○…昼休みの会社員、中学生など部品メーカーのカタログを手に、専門的な質問をする熱心さ。また「アサヒカメラ」の後援で自動車を題材にした写真コンクールが行われるのでカメラ片手の人々があちらこちらでレンズをかまえていた。

○…春の花が咲き乱れる同じ日比谷公園の花壇にきょうから真っ白いセメントの彫刻が飾られた。東京都主催の第七回"春の野外創作彫刻展"で、あるセメント会社が材料を出し、日展、二科会、新制作、一陽会など各派グループの彫刻家が一人一点ずつ作った"セメント彫刻"の十五点。

○…今年は去年より出品点数も少なく、作品も小さくなったというが、オーソドックスな具象彫刻から抽象のオブジェまでちょっとしたコンクールだ。五月十日まで開かれ、あとは岡山市の後楽園で開かれる。

［写真2］全日本自動車ショウと彫刻展の記事
（昭和31年4月20日、朝日新聞夕刊より）

［写真3］公園での野外彫刻展の初め（1965年ごろ）

〇回目の誕生日を迎えた。小音楽堂ではそのお祝いにバースデー・コンサートが開かれた［写真4］。私も演奏に先立つショートスピーチで日比谷公園一〇〇年の意義をお話ししたが、この日が約六〇件におよぶ「日比谷公園一〇〇年記念事業」のスタートとなった。「日比谷公園一〇〇年記念事業」は、単なる記念イベントではなかった。折から自治体の財政難ということもあって、建設型公園事業からの転換を余儀なくされていたこともあるが、むしろ新しい公園経営が模索されており、パークマネジメント時代の試金石となる一大チャレンジに直面していた。「公園緑地」も建設の時代から管理運営の時代、さらには公園経営の時代に入っているのである。

［写真4］小音楽堂で行われた、東京消防庁による
日比谷公園100年バースデー・コンサート

パークマネジメント元年。それが日比谷公園誕生一〇〇年目の二〇〇三年であったのだ。

ひとり当たりの公園面積量を欧米なみに増やすことばかりをめざした建設の時代、ほかの用途に使われるのを防ぐことばかりに意を用いた公物管理の時代とはまったく違う発想が、パークマネジメント時代には不可欠である。まさに民間の知恵やビジネスセンスが求められている。日比谷公園のような都心の一等地、銀座、丸の内、有楽町、霞ヶ関至近の空地ポテンシャルを活用しない手はない。これを機に、公園の占用許可ひとつにも慎重に対処してきたそれまでの都の公園行政は大転換を図ったのである。

一〇〇年記念事業イベントのくわしい内容は、他所で触れられているので詳述しないが、そのイベントのなか、異色で目立つのは、世界的有名ブランドによる「ダンヒルメンズコレクション」、NPOシアターカンパニーの「野外劇場サロメ」、全日本ブライダル協会などによる「パークウェディング」［写真5］。それから、これまでどちらかというと否定的だった飲食系の本格導入だ。たとえば二〇〇五年には一都三県の活性化をめざすイベント「グレーター・トウキョウ・フェスティバル」の会場となった。光と音の祭典にさまざまな屋台が出店し、三万五〇〇〇食が提供され、総来場者数五万五〇〇〇人というビッグイベントとなった。さらに民間企業の「オープンカフェ」や、ワイン酒造組合の「やまなし新酒ワインまつり」、東京酒造組合の「東京地酒と酒器祭り」などが催され、ひと昔前の公物管理のイメージは過去のものとなった。

［写真5］日比谷パークウェディングの様子

もちろん公園の百年記念らしく「百年の歩み展」や「日比谷公園ガイドツアー」、「公園・都市・未来シンポ」、「日比谷公園学講座」、日比谷で生まれた〝丸の内音頭〟が復活した「盆踊り大会」などオーソドックスな歴史系イベントも行われた。「日比谷ガーデニングショウ」、「屋上緑化セミナー」、「緑地生活野外展示」、「菊花大会」、「秋の山野草展」、「記念植樹」など緑系プログラムもしっかり組み込まれていた。

こうして民間企画の活用にも積極的なパークマネジメント方針は、「一〇〇年記念事業」の成功を踏まえて新時代の公園行政のかたちとして定着しつつあるように見える。表1は、二〇〇七年に日比谷公園で催されたイベントである。旧来の管理主義の時代からの変化が読みとれる。

この路線は、これから自信をもってほかの公園でも進められるべきだろう。もはや、財政難ゆえの苦肉の策ではない。むしろ新時代のパークマネジメントは、適切な判断のもとでの、市民、NPO、企業など多様な主体の参画の積極的な受け入れや、もともと市民の共有財産でもあるコモンスペース（公園）の大いなる利活用、活性化の推進にある、といっても過言ではない。

もちろん、すべての都市公園が日比谷公園と同じく立地や歴史的価値をもっているわけではない。したがってかならずしも日比谷公園での試みが絶対ではない。ただ、人口減少社会と指定管理者制度が一般化するなかで、これからはますます「パークマネジメント」への知恵が求められることは間違いない。

月日	イベント名
2月18日	東京マラソン
5月12日～13日	緑の感謝祭
5月19日～20日	アフリカンフェス2007
5月25日～6月3日	ジャーマンフェスト
7月24日	海上保安庁音楽隊コンサート
8月17日～18日	日比谷盆踊り大会
9月19日～21日	アサヒビールオクトーバーフェスト
9月29日～30日	江戸天下祭り
10月6日～7日	グローバルフェスタJAPAN 2007
10月13日～14日	鉄道フェスティバル
10月20日～28日	日比谷ガーデニングショー2007
11月3日～4日	山梨ワイン祭り
11月10日～11日	ニッポン放送「THE ラジオパーク」
12月21日～1月1日	TOKYO FANTASIA2007

［表1］2007年に日比谷公園で開催されたイベント

9章　空間と利用の多様性

管理社会のなかの唯一の自由空間

日比谷公園の魅力はどんな人でも楽しめる点にある。

デートするカップルばかりではない。吉田修一の小説『パーク・ライフ』のように、ひとりぼっちの青春も日比谷公園は自然に迎えてくれる。会社勤めで疲れたサラリーマンも、学生のサークルも、家族づれも、帝劇や日生劇場がえりのセレブも、そしてホームレスのひとたちをも受け入れるじつに包容力のある公園だといえる。二〇〇九（平成二一）年暮れからの、年越し派遣村のテント風景は誰しもの記憶に新しいだろう。

元来、都市公園という空間の必要条件かもしれないが、老若男女、各界各層、富貴貧生の誰をも受け入れるべき開かれた場所でなければ「公園」といえないのである。

いまの都市は立派に造られているが、設置者の管理責任とかテロなどへのセキュリティが理由となって、そこに入れなくなっている。有料であったり、時間が決められていたり、身分が特定されたり、場所が決められていたりと制約されるのが普通となっている。

そんななか、誰でも、いつでも、いつまでも居られる公園というものは「大都市最後の自由空間」である。その意味で、厳しい管理社会のなかで公園という空間は、極めて貴重で大きな社会的意義を持っている。

それもただ自由に居られるだけではない。安全かつ無料で、心地よいアメニティフルな時間を、安心して過ごせる場所だということ、利用者自らが、好みの場所を選べるということである。

幕の内弁当型公園の良さ

利用者は公園に何を求めているのだろうか。日比谷が開園した文明開化のころは、一般市民には珍しかった洋花・洋楽・洋食などを目あてにわざわざやってくる目的があった。しかし、遊ぶところがたくさんある現代人は、何かのついでに、また通りがかりに、待ち合わせに、ときにはぼんやりするためにやってくるようになっている。

さてこのとき、利用者の反対、いわば供給者側、すなわち公園を計画・管理運営する側からしてみると、利用目的が曖昧な時代というのは、なかなか難しい。

洋楽が求められれば、音楽堂を造って演奏会を企画すればよいし、洋花が求められれば花壇を造ってみせればよい。西洋にあこがれる時代には、西洋的なものを提供すればよかったのである。

しかし、いまは一人ひとりみんな求めるものがちがう。「大衆」ではなくて「分衆」の時代といわれたこともある。いまはさらに「多趣味」「多様化」が進んでいる。利用目的が曖昧な「ぼんやり」「なんとなく」に対応できるデザインやサービスを計画しなければならない。

国土交通省の公園緑地・景観課の調査では、現在（平成二年度末）一四種に及ぶ都市公園等は約九万九〇〇〇ヵ所、一一万七〇〇〇ヘクタール、国民ひとりあたり九・七平方メートルとなっている。この調査がはじめられた五〇年前にはひとりあたり二・一平方メートルだから、五倍に増えていることになる。これだけ増え、そのタイプも目的も大きく多様化してきたが、日比谷公園はこうした全国一〇万ヵ所の日本の公園の原点であり、いまも代表格であり続けている。

日比谷公園が、全国的に見て各都市の中央公園、総合公園のモデルであり続けた大きな理由、それは、多様な利用者と多様な利用要求に応える〝空間の多様性〟をもっていたからではないか。それが私の見解である。

明治時代、完全な西洋式デザインであった辰野金吾の設計案が拒否されて、本多静六の洋風デザインが受け容れられた理由はすでに冒頭で説明したが、一言でいえば、辰野の軸線で統一された全景が見通されるようなバロック的構成よりも、曲線と見えがくれする変化と多様性に富んだ本多の「幕の内弁当」型を、日本人の感性は歓迎したのである。

高級ではないが、みすぼらしくもない。特別おいしいわけではないが、決してまずくはない。全体的な見かけも悪くないし、好ききらいのある人でも、食べられるものがいくつかあって、それなりの満足感が得られる。駅弁としても、会議用弁当としても、花見にも使えるし、昼食にも出せる。季節折々で具材を変えるので幕の内弁当ならいつでも売りやすい。

以上は私なりの公園に対する、そして日比谷公園の性格についての典型的比喩である。

いつでも、誰でも、どんな目的でも、それなりに〝いい時間が過ごせる公園〟、もちろん美しくオシャレでありながら〝自分の居場所が見つかる公園〟が日比谷なのである。

多様の秘密は、地割、緑、施設、利用者

誰にでも好かれる女性を、八方美人と言ってどこか非難めいて使う。明快な自己とか、主張がなくて、迎合的だという揶揄である。しかし、公園のデザインは、設計者の個人作品ではないのだから、設計者の自己主張が前面に出ているとすれば、利用者を忘れた公園といわざるをえない。だから、誰をも受け容れ、誰にも好かれる公園は、すぐれた公園、すぐれた公園設計のモデルだと言ってよい。

一九九二年のリオ・デ・ジャネイロの地球サミットは、持続可能な地球や国土のためには生物多様性（Biodiversity）が不可欠であると国際条約を提案し、日本も一九九五年に「生物多様性国家戦略」を決定した。二〇〇八年制定の「生物多様性基本法」では各自治体が「生物多様性地域戦略」を策定することとしている。

したがって、都市公園でも多様な動植物の生息を可能にすることや、ほかの緑地や河川などとのネットワークで生物多様性の確保に努めなければならない。ところが、四章「〝生き物文化〟公園」で紹介したように、日比谷公園では、樹木、草本、花卉、野鳥、昆虫などの生き物の多様性や、樹林地、草地、池泉など土地利用上の多様性もできている。

皇居外苑のように、広々とした芝生地にクロマツだけが点綴《てんてつ》するような景観構成にすれば、日

本の美、風格のある景観といった明快な主張が可能である。ところが日比谷公園は当初から空間の多様性が意図されていた。それはさまざまな要求への対応を工夫した結果でもあったが、都心にもかかわらずドイツ林苑風をモデルとした設計なので、当初からドイツ的生態系バランスの感覚が下地にあったのかもしれない。

二〇一〇年には名古屋市で生物多様性条約の第一〇回締約国会議（COP10）が開かれた。私もそのなかで「多様性からのランドスケープ論」を発表した。結論だけを言えば、二一世紀の地球社会の持続可能性は、自然と社会と文化の三つの多様性が不可欠であること、すなわち、自然的環境はバイオダイバーシティ（生物多様性）、社会的環境はライフスタイルダイバーシティ（生活多様性）、文化的環境はランドスケープダイバーシティ（景観多様性）であるというものである。

ともあれ、私の考えでは、日比谷公園はわずか一六ヘクタールの狭い面積だが、三つの多様性のモデルとなっている。そのための秘訣も三つあると考える。

地割がＳ字型の大園路で四分割するかたちになっており、それがさらに一〇～二〇の景観単位に分割されたことで、それぞれが独立した空間質を保持することができた。すなわち、地割の多様性、マルチ・ゾーニングの成果が第一の秘訣と言えよう。

そして土地利用に合わせて植栽が工夫されたこと、国際交流や花壇コンクールなどにともなって新品種が導入されたこと、西洋風ばかりか梅林などの和風樹林もしつらえたことなどが挙げられる。すなわち緑の多様性、植栽植物多様性の担保が第二の秘訣と言える。もっとも外来種問題を今後、解決していかなければならないことは指摘しておく。

次に景観的に見て園内の建物や、彫像、噴水、ベンチなどの公園施設、人為的な整枝剪定、刈り込みなどのメンテナンス、イベント装飾、プランターなどさまざまな小物（パークファニチュア類）の配置や設置にいたるまで各時代の造園技術の博物館ともなっている——それが一〇〇年間、つくられ壊され、またつくり直されたりして変化を重ねてきたことなど公園施設・公園景観の多様性といったことが第三の秘訣と言えようか。

このように日比谷公園では、設計意図として想定されていたかどうかは別として、当初の地割、植栽などの土地利用と、その後の公園整備における施設の種類と配置の多様性と一〇〇年以上の歴史の積み重なりが、「公園空間質の多様性と高度化」を理想的に形成したといえる。こうして多様な利用者が来訪し、多様な利活用を楽しめる公園ができ上がったのである。

場所、空間、雰囲気、出会う人びとの多様性こそ、公園の魅力、「いい公園」の条件である。公園には、生物多様性と同時に景観多様性、そして空間多様性と利用の多様性が必要である。

調査にみる日比谷公園利用者の多様性

公園の利用は種々雑多で、その実状はなかなかわかりづらい。国の調査は定期的に行われているが、利用者数などの定量的なものからでは個々人の意識は把握しづらい。

そこで私たちは、「公園考現学」にチャレンジすることにした。最新のデータではなくて恐縮だが、一九八二年九月一三日（月）、一四日（火）、二九日（水）の三日間、無作為に公園内で直接面接調査を行ったもので、日本建築学会関東支部報告集に発表してある。

休憩	25
散歩	11
待ちあわせ	7
昼食	7
運動	5
子どもを遊ばす	5
研究・学習	3
遊び	2
思い出の場所	2
ひなたぼっこ	2
その他	14

〈その他の内訳〉
絵を描く／仕事で／読書／楽器の指導／精気を養う
デート／気ばらし／書きもの／アイスを食べに
公園を見に／松本楼に来た／夕食を食べに

［表1］公園利用に於いて
直接的な目的がある場合の理由
（数字は意見数、N＝83）

時間つぶし	30
近い	11
なんとなく	10
ついで	10
図書館に来て	8
どこかの帰り	7
昼休みだから	6
通り道	5
天気が良い	4
自然がある	4
公園があるから	3
気持ちよい	2
その他	10

〈その他の内訳〉
落ちつける／静かだから／思いつきで／喫茶店がわり
金がない／他にない／大好きなので／偶然／
図書館が休みなので／行く所がない

［表2］公園利用に於いて
直接的な目的をもたない場合の理由
（数字は意見数、N＝110）

＊以下の図表の出典は
進士ほか「日比谷公園の総合的研究(1)～(8)」

被験者は、単独利用者＝男性六九名、女性一六名、男女ふたりづれ（avec, couple）利用者＝六二組、グループ利用＝四六組、家族利用＝八家族、路上生活者＝六名の総勢二〇七組であった。各組の代表者を職業分類すると、会社員＝八六、大学生＝四二、公務員＝一七、無職＝一五、主婦＝一三、自営業＝八、高校生＝七、その他と不明＝一九である。

その結果を第一、第二図のグラフで示す［表1、2］。「なぜ、この公園を利用したのですか？」という問いに対して休憩、散歩、待ちあわせ、昼食など目的があって利用している人が約四割。時間つぶし、近いから、何となく、ついでに、図書館に来て、どこかの帰り、昼休みだからなど、目的がとくにないひとが約六割。今日の日比谷公園は、明治期と違って非日常、日常利用が、相半に変っていることがわかった。

「この公園は好きと嫌いに分けると、どちらになりますか？」に対しては好きが八割強、どちらでもない一割、嫌いが六分で、多くの人に好かれている公園であることは間違いない。

「『好き』」の理由は？」に対しては、緑がある、広い、きれい、のんびりできる、都会のオアシス的存在、施設が魅力的、静か、自然がある、生物がいるなどとなっている。利用者の日比谷公園イメージは、緑の多い都会のなかのオアシスで、憩いの場ということが定着しているようだ。

日比谷の環境に対しての意見も訊いたが、当時、公園内については路上生活者、ゴミ、マナー、混み具合などが、公園外についてはビルの存在、公害、騒音、都会的、汚い、せまいなどが指摘されている。とくに夜間利用についての質問に対しては、肯定的意見が全体の四割、反対的意見は一・七割で、いわゆる「アベック公園」はすでに市民権を得ている。ただ夜間照明設備、ベンチ、売店の整備、のぞき防止、見廻りなど、治安や保安対策の充実を強く望んでいることもわかった。

ホームレス問題と大都会最後の自由空間

公園の治安というと一般的には必ずホームレス、路上生活者のことが連想される。ほとんどの場合、彼らは犯罪に無縁か、あっても被害者の側になっているにもかかわらずである。これまで「浮浪者」、「ルンペン」、「プータロー」、「野宿者」、「アウトロー」などとも呼ばれ、ほかに行くところがなくて公園を現住所にしている。ただ、普通の様子と異なることから忌み嫌われて通報されたり非行少年に襲われたりする。こうした風潮から公園管理者もベンチに寝転ぶことがしにくいように細工をしたり苦心している。

日比谷公園においてのみならず、この問題は公園行政全般のなかでも永遠の課題のようで、いまから約八〇年前に雑誌『庭園と風景』ですでに井下清が「公園とルンペン」という小論文を書いている(一九三二年三月号)。

井下の本件への認識は深く、具体的な調査の結果を報告するも、公園の社会性をふまえた正義感あふれる論を展開している。

「近代の公園は老若男女を問はず総ての人々が、平等に又自由に利用し得ることを標榜するもので(……)概念的に平等であり自由であるべき処とする(……)」すなわち「(……)彼等薄倖のルンペンが、たとへ不潔な身を異様な風体に身を包み、普通人が不快と恐怖を感ずるが如き様子を為すものが居つても、夫れを公園の機能として看過されて来たのである。他の処に於ては直に浮浪者として検束され収容される者も、公園に於て其の平和を害さぬ以上黙認されて居つたのである。(……)」。

そして井下の言い方では、「公園は職の無い人々がやるせない時間を過し、又はドン底に落ちた人々が世間の警戒の眼から逃れて居られる唯一の楽園なのである。(……)」となる。

膨大な人口が生きていく大都市においては、たとえコンマ数パーセントであっても、身体的、経済的事情で公園に逃げ込まざるを得ない人は必ずいる。

徹底した管理社会では責任者が責任をとらなくてよいように、あらゆる空間や施設、場所で彼らは排除される。まさに公園だけが「大都市最後の自由空間」として認められているのである。

にもかかわらず、私たちが一九八二年九月に行った日比谷公園総合調査からちょうど四ヵ月後、一九八三年一月から二月にかけて、山下公園や横浜公園で中学生を含む一〇人の少年らが浮浪者を襲撃して三人を死亡させ、多数の負傷者を出す事件が起こった。

少年たちは「恐舞連合」を名乗る非行少年グループであったが、彼らのほかにいろいろな少年たちが浮浪者いじめを繰り返していたらしい。犯人らとつきあいのあった約九〇人の少年たちは、七年前から計二〇七件にも及ぶ襲撃を重ねていた。

花火を浮浪者の背中にさし込む、ライターで髪を焼く、バイクで追いかけまわすなどの行為は、学校でいじめ問題が頻発していた時代性とまったく無縁ではない。犯人の少年たちは「汚いプータローを退治してやろうと思った」とか、「抵抗しないのでおもしろかった」などと語ったという。

この事件は、現代日本がその豊かさと相反して、人間同士のつながりやいたわり、信頼感を失っていく時代の特徴を、国民に思い知らせることになった。青木悦の『「人間」をさがす旅』や佐江衆一の『横浜ストリートライフ』も、事件がきっかけで書かれた。そこには、路上生活者たちも高度成長を底辺で支えた人びとであったというメッセージがある。

しかし、子どもたちは「プータロー退治」と言い、からかうのにおもしろい相手としてしか見ていない。この見方ははたして子どもたちだけのものだろうか。

私たちの総合調査で「公園の内部環境評価」の結果では悪い評価が半数近くあり、そのなかでも路上生活者問題とゴミ問題がそれぞれ一一パーセントでトップであった。その後のマッピング調査でも、利用者が危険と感じる空間をゾーン分けしてもらうと、浮浪者の居住区分布とほぼ一致している。

やはり一般的な傾向として、路上生活者はその風体から危険視され、邪魔者視されていることがわかる。そんな大人たちの視点の延長に、子どもたちの事件もあるのだろう。

次の引用は東京市が一九三〇年に行った公園内の路上生活者に関する調査について、井下がまとめた文章である。当時とのデータの比較のために、私の卒論生の小出茂君が一九八二〜八四年に調べたデータを併載する［表3］。時代を経ても減るどころか増えているという事実がわかるだろう。いまもって「公園は大都会最後の自由空間」であることを示しているが、手放しで喜べるものではなく、ある意味「公園マンには人間愛が求められ続けている」ことを示すデータと言える。

> 東京市に於けるルンペンの調査を見るに、昭和五年十月一日には、一、七九九人を計上してゐる。其の内女二・二二に対し男九七・七八の比例であり、其の年齢は働き盛りの廿五歳以上四十四歳以下のものが最も多く五三・〇九を占めてゐる。配偶関係は未婚が四〇・九二で現に配偶を有する七・一二、死別せるもの二四・五七、離別せるもの二〇・一二であることから見ても、壮年にして孤独となつた者が多い。
>
> 次に浮浪してゐる期間であるが、一ヶ月のもの二・七八にして一ヶ年に至って六・八九となり、十ヶ年に於て二・六一、夫れ以上は多少の高低はあるが近々減少することか

公園名／面積(ha)	6月下旬	7月下旬	1月中旬	備考
代々木公園／65.8ha	46人(0.7)	71人(1.1)	24人(0.4)	
上野公園／52.0ha	—	92人(1.8)	—	150〜200人といわれる6月と1月は未調査
日比谷公園／15.6ha	39人(2.5)	31人(2.0)	31人(2.0)	6月のデータは1982年の調査値
新宿中央公園／6.2ha	13人(1.6)	49人(6.0)	29人(3.5)	
山下公園／7.3ha	18人(2.5)	22人(3.0)	8人(1.1)	
横浜公園／6.4ha	4人(0.6)	19人(3.0)	4人(0.6)	
大通公園／3.6ha	30人(8.3)	32人(8.9)	9人(2.5)	

注=人数は調査時間の在園者数。(　)内は空間密度(人／ha)

［表3］1983〜1984年の公園路上生活者実数調査(調査=小出茂、1984年)

ら見ても、一般には二ヶ年以内に生業に就くか郷里に帰り得なかった残りのものは一生ルンペンで終るものらしい。(……)ルンペンが何処で起臥してゐるかといふに、(……)公園最も多く、次で橋下、市場、駅構内、他人の軒下、露路、鉄道ガード下、空地、墓地等であるが、公園は殆ど半数に近い四七・六を占め、就中、浅草公園が最も多く四九三人を数へ(……)上野公園一三二人、芝公園四六人、錦糸町公園二六人、日比谷公園二〇人等で(……)総て夜半零時の調査であって(……)。
(井下清「公園とルンペン」『庭園と風景』一九三二年三月)

小出は表1の調査対象となった路上生活者のうち、二三名にヒヤリングを行っている。

総じて五〇~六〇代が多いが、日比谷公園では四二歳から八二歳までと幅広い。それと対応するかのように、日比谷公園では居住歴もさまざまだ。調査によると、三〇年住み続けている人もいれば、一〇年ぐらい、四年、一年と少し、半年以降、五ヵ月少し、二週間と四日、と中堅・新参幅広い。対象者は男性が大半を占め、前歴には日雇い労働者が多く見られたが、これ以外に建設業、トビ職、電気工、炭鉱夫のほか、医者や靴屋、アイスクリーム屋として働いていた者もいたという。当時の境遇の理由として失業、疾病、高齢で働けなくなったという声が聞かれた。

日比谷公園の印象をヒアリングした。

「利用者のレベルが高くて、ここでは俺たちをバカにしないから、居やすい」

「この場所は温かいし、日向ぼっこはできるし、自分の家みたいなものだよ。朝になったら公園に帰ってくる。居場所は〈平和の鐘〉の周辺だね。格別居心地がいいわけでもないけど、長くいるとそれなりに良くなるわけ」

「いつもいる場所は、ここいらだね。ここならあまりお客さんが来ないから。向こう（ペリカン噴水のある第一花壇の方）へ行くとやはり人目につくし、お客さんに迷惑かけると悪いから」

「ここへ来るお巡りさんも、公園の人もみんな知っているよ。ノゾキもカッパライもするわけじゃなし、かえって、そういうことをする奴がいたらヤメロと注意するってことを……」

「トイレの裏にいるから、痴漢なんかいて女の子に何かあれば、われわれがすぐに出て行って止める。そういう意味もあるんですよ。別に頼まれたわけでもないけど、近くの売店がよく壊されたときなんか、留守番かたがた居たこともある。そういうことにも役立つのは、われわれの弁証法ですよ」

事実、松本楼で火事が起きたときの第一発見者は園内の路上生活者であったという証言もある。公園の治安にとって害であるどころか、安心のために寄与しているのは、公園で犯罪が起これば、自分たちの居場所がなくなることを知っているからだ。路上生活者の問題は公園生活史の陰の部分だが、一概に否定的には捉えられないものが含まれている。

場所のイメージと空間利用

路上生活者問題ばかりではない。私たちの「公園考現学調査」ではこのほかにいろいろなことを試みた。そのひとつに、アメリカのケヴィン・リンチが『都市のイメージ』（岩波書店、一九六八年）で発明した「イメージマップ法」による調査がある。

利用者二〇七名に対しB5判画用紙に〝頭のなかにある日比谷公園〟を描いてもらうことにした。描かれた絵で、場所が特定できたのは五二・六パーセント、一〇九名であった。この結果を集計してイメージアビリティ（image ability）をグラフにしたのが表4である。これによると、公園の中心部の大噴水と広場がもっとも強くイメージされており、次いで第一、第二花壇、小音楽堂。心字池、雲形池の水景はその次という具合であった。

こうしたイメージアビリティの結果から考えられるのは、図1のように多数の利用者が入ってくる有楽門から西側に動くヨコ型動線が強いことである。と同時に、それぞれの空間の囲繞と開放の度合いが、利用者にとって〝好きで居心地のよい空間〟であると感じさせていることもわかった。［図2］

この結果はほかの質問で、〝利用者が危険と感じる空間〟や〝利用者が眺めがよい方向と感じている矢印〟の分布図とも整合しているし、午後三時と九時のアベック分布図とも重なった傾向

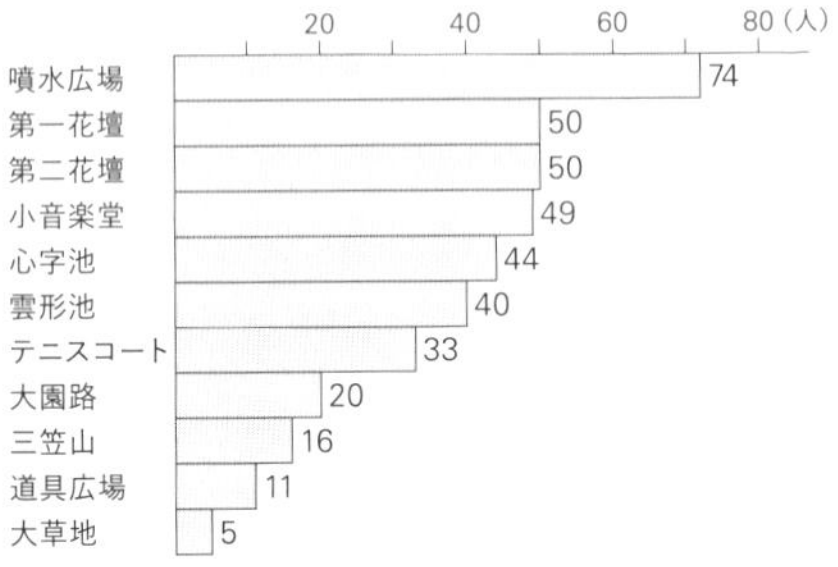

［表4］イメージの高い単位空間

［図1］有楽門からの入園者の流れ

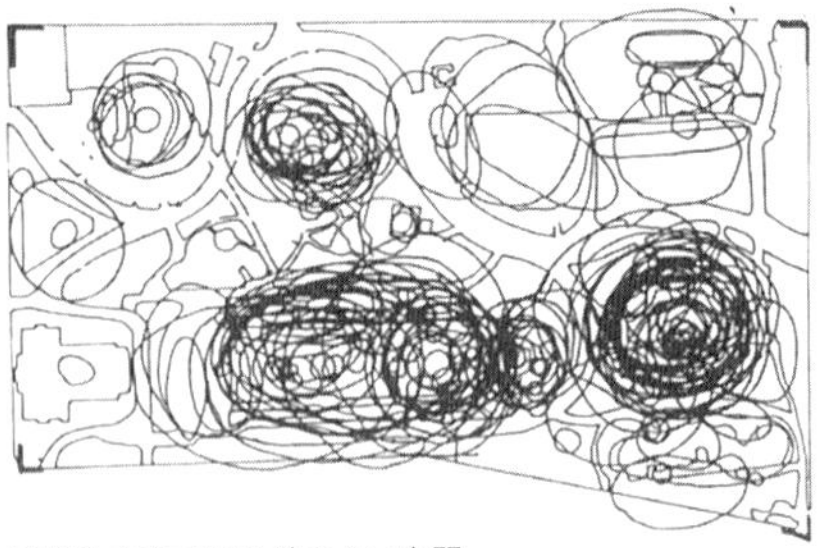
［図2］好きで居心地のよい空間

を示していることがわかった。

このほかにも、利用者の行為や行動を一三に分類して、それがどこでどのくらいの時間行われたかなども調べた。さらにその理由をつきとめるために各空間のイメージについてＳＤ調査を行った。一三分類とは、三つの動作：歩行・佇立・着座、と一〇の行動：横臥・睡眠・鑑賞・会話・摂食・読書・愛情・遊戯・運動・その他である。開放的な空間では予想以上に多様な利用行動がとられていることがわかった。

空間多様性の理由と内容

ところでSD調査とは、意味微分法（Semantic Differential Method）ともいい、〈好き―きらい〉とか〈明るい―暗い〉〈広い―狭い〉などといった形容詞の対を尺度に被験者が感じている雰囲気を数量化し、分析する方法である。その結果を因子分析したところ、第一因子＝安定性（居心地）、第二因子＝明快性、第三因子＝開放性、第四因子＝多様性が導かれた。このことからも日比谷公園は一三の多様な空間特性と空間イメージをもった複合的公園であることがわかる。

以上が公園利用者の調査からわかったことだが、日比谷公園がいかに微妙かつ多様な空間で構成されているか、データが示してもいるということだ。

日比谷公園の空間多様性をさらに増幅しているのは、園外の環境立地の多様性と園内の利用特性、用途別ゾーンの多様性である。

日比谷門・有楽門は、有楽町側の映画・劇場・ホテルに面し、逆の霞門は国の官庁街霞ヶ関に面している。そして別の面は皇居、あるいは、オフィス街というふうに、出入りする層も、公園利用の目的も多様になるのは当然である。

園内はといえば、まずS字型カーブの大園路で大きく四区にゾーニングされるし、そのなかもそれぞれちがう空間特性、利用特性で細分されている。

四つのゾーンとは、

一、噴水広場・第二花壇・日比谷公会堂・にれの木・雲形池周辺樹林地・松本楼など

二、第一花壇・心字池・日比谷見附跡石垣上・開園初期の公園事務所建物の周辺

三、大草地広場・テニスコート・三笠山・健康広場（旧児童遊園）
四、大音楽堂・日比谷図書館・緑と水の市民カレッジ

などである。利用目的別の区分をあげると、

一、修景・観賞ゾーン（心字池、第一花壇など）
二、イベント・集会ゾーン（日比谷公会堂、大小音楽堂、噴水広場など）
三、散策・休息ゾーン（雲形池周辺樹林、つつじ山、三笠山など）
四、多目的ゾーン（大草地広場、健康広場など）
五、展示・学習ゾーン（陳列場など）
六、スポーツゾーン（テニスコートなど）

となる。

　現在の日比谷公園（約一六ヘクタール）の年間利用者は約一、四〇〇万人、日平均利用者約四万人といわれている。ＪＲ有楽町駅をはじめ、地下鉄の丸の内線霞ヶ関駅、千代田線の霞ヶ関・日比谷両駅、日比谷線霞ヶ関駅、銀座線新橋駅、三田線内幸町駅の七駅からアプローチできる交通至便、丸の内や有楽町、霞ヶ関のオフィス・官庁街の存在が大きい。

　こうした立地にあって、地割を大きく変えずに都心のオアシスとして、なおかつ、ユーザーの利用に合わせて、ゆるやかに施設を改変しながら対応してきたことも、日比谷公園が永らく現在進行形で存在し続けてきた理由であろう。具体的に列記してみよう。

　日比谷図書館（一九〇八（明治四一）年開館、二〇〇九年に都立から千代田区立に移管）、日

比谷公会堂（一九二九（昭和四）年開館、客席数二、〇〇〇）、大音楽堂（一九二三（大正一二）年開設、客席数二、六六四、立ち見席数四五〇）、小音楽堂（一九八三（昭和五八）年現在のものに改築、客席数一、〇〇〇）、テニスコート（人工芝五面）。この他、公園レストランも松本楼（一九〇三（明治三六）年以来、フランス料理、カレーが話題）を筆頭に、日比谷パークセンター、南部亭（和風建築）、日比谷茶廊（アジア、洋食）、日比谷パレス、日比谷グリーンサロンといろいろある。

また園内には戦後フラワーショップとして日比谷花壇（一九五〇（昭和二五）年開店、二〇一〇（平成二二）年に乾久美子氏の設計で改築し、同年グッドデザイン金賞受賞）、近年フェリーチェガーデン日比谷という結婚式場までできている。結婚式場は都の有形文化財「旧東京都公園資料館」を保存活用するかたちで民間参入を認めたもので、公園経営の新しい試みである。ほかに都民の園芸文化振興に寄与する陳列場もある。

このほか開園以来一〇〇年の星霜を重ねた公園の歴史の証言者、鶴の噴水、自由の鐘（一九五二（昭和二七）年）、ルーパ・ロマーナ像（一九三八（昭和一三）年）など各種記念物三十有余が公園各所に点景を成している。記念物群は少々うるさすぎるとも思えるが、各人の思いを刻んで寄付された「思い出ベンチ」の設置とも相まって、公園に人間的な親しみやぬくもりをもたらし、公園は国際親善の舞台としても活躍してきたことを気づかせてくれる。

これらすべてが、五感に心地よく日比谷公園交響曲を奏でてくれる。

10章　歴史的公園をめざせ

私の卒業研究

いまから四五年前、私は東京農業大学農学部造園学科の学生で、江山正美教授に卒業論文の相談にうかがった。私はそれまでに「禅の庭否定論」「日本庭園河原者造型論」を、それなりに調べていて、これをまとめたいと申し出た。ところが、先生は「キミには日比谷公園の改造計画案づくりをやってもらいたい」とおっしゃる。私には、なぜですか？という勇気もなく、日本庭園の研究と両方取り組むことを了解してもらって、卒業時には「日比谷公園の研究」「公園利用者の占有空間特性」「日本庭園河原者造型論」の三本を提出したのだった。

卒業と同時に私は江山先生の助手に任じられたので、あとでわかったのだが、そのころ、東京都の公園部門では日比谷公園の改造問題が浮上しており、江山先生は「東京都公園協会賞（通称、井下賞）」に日比谷公園の改造プランで応募させたかったようである。

日比谷公園の改造計画を検討するように言われた私は、その歴史と現況を調べ、そのうえで改造設計を考えることにした。それまで〝アベック公園〟などの風俗的なテーマから語られがちな日比谷公園だったが、歴史を調べれば調べるほど面白い。近代日本の国家像とさえ深くかかわり、これまでにとり上げてきたような近代都市計画、近代公園史をリードもし、日本における西洋の受容や震災や戦災の生活史の重さをも発見した。

一方で利用者の動線調査、公園レストラン、公会堂、音楽堂の利用動向やイベントなどソフトなデータを分析するにつけ、公園計画は施設などハードばかりがテーマではないと気づいた。「ユーザーの公園」をめざすには、「人間行動の原理にもとづく公園」でなければと思うようになったのだ。

当時は試行錯誤で自己流の調査方法でチャレンジをし、「公園利用者の占有空間特性」という結果を得、皮肉にも日比谷公園改造プランではなくこの調査で井下賞をいただくことになるのだが、今からいえばいわゆる環境心理学や考現学の方法論によったものであった。

こうして日比谷公園成立史を深く知り、さらにこれと深い関わりをもつ生活史を学ぶにつけ、そう簡単に改変してよいのか！と考えるようになる。それはやがて「日比谷公園の保存と復元の必要性」という明確な私の主張となっていった。動機は改造であったのに、結果は改造反対で保全派になってしまったわけである。

しかしあの二年間、毎日のように日比谷公園に通い、「公園資料館」で資料に触れ、先輩諸兄からいろいろなお話を聞き書きし、他方で一〇〇〇分の一の図面に利用者のマン・ウォッチングの結果を書き込み、神宮内苑の芝生広場のカップルの占有空間、占有位置を実測してその特性を解明するなどしたことで、私の造園学の基本的視座がつくられていった。いま思い出しても、最高に充実した時間であった。

芦原義信の日比谷公園改造案

私が卒論研究で日比谷公園に日参し、その本当のよさを味わって、この公園は改造すべきでないと悟ってから一〇年ほど経ったころ、まったく意外なところから全面改造の提案が出た。当時東京大学教授で著名な建築家の芦原義信氏が著書『街並みの美学』(岩波書店、一九七九年)に自らの「日比谷公園改造案」とその提案理由を載せている[図1]。私はある審査会で数年にわたってご一緒させていただき、その人柄に惹かれていたにもかかわらず、アーキテクトとランドスケープアーキテクトはやはり逆から物を見ているのかと気落ちしてしまったのを思い出す。端的に言えば、芦原先生は日比谷公園に面する官庁建築を設計してこられ、日比谷をよくご存じなのだが、根本は外から眺めておられたのだ。だから「都心の公園というのでは消極的意義もしかたないので積極的に都心の外部空間(広場)としてオープンすべし」とおっしゃる。きっと芦原先生設計の駒沢オリンピック公園のような石敷の大広場をイメージされたのだろう。

先生は同書のなかで「都心の枢要な位置にあるわりに、親しみの薄い公園であろう」と書かれている。きっとビルの側から、つまり外からの視点が中心で、緑の公園は都心の孤島のように目に映ったのだろう。公園に入ってゆったりと散歩し、くつろぎ、音楽や食事を楽しむお時間がなかったのかもしれない。

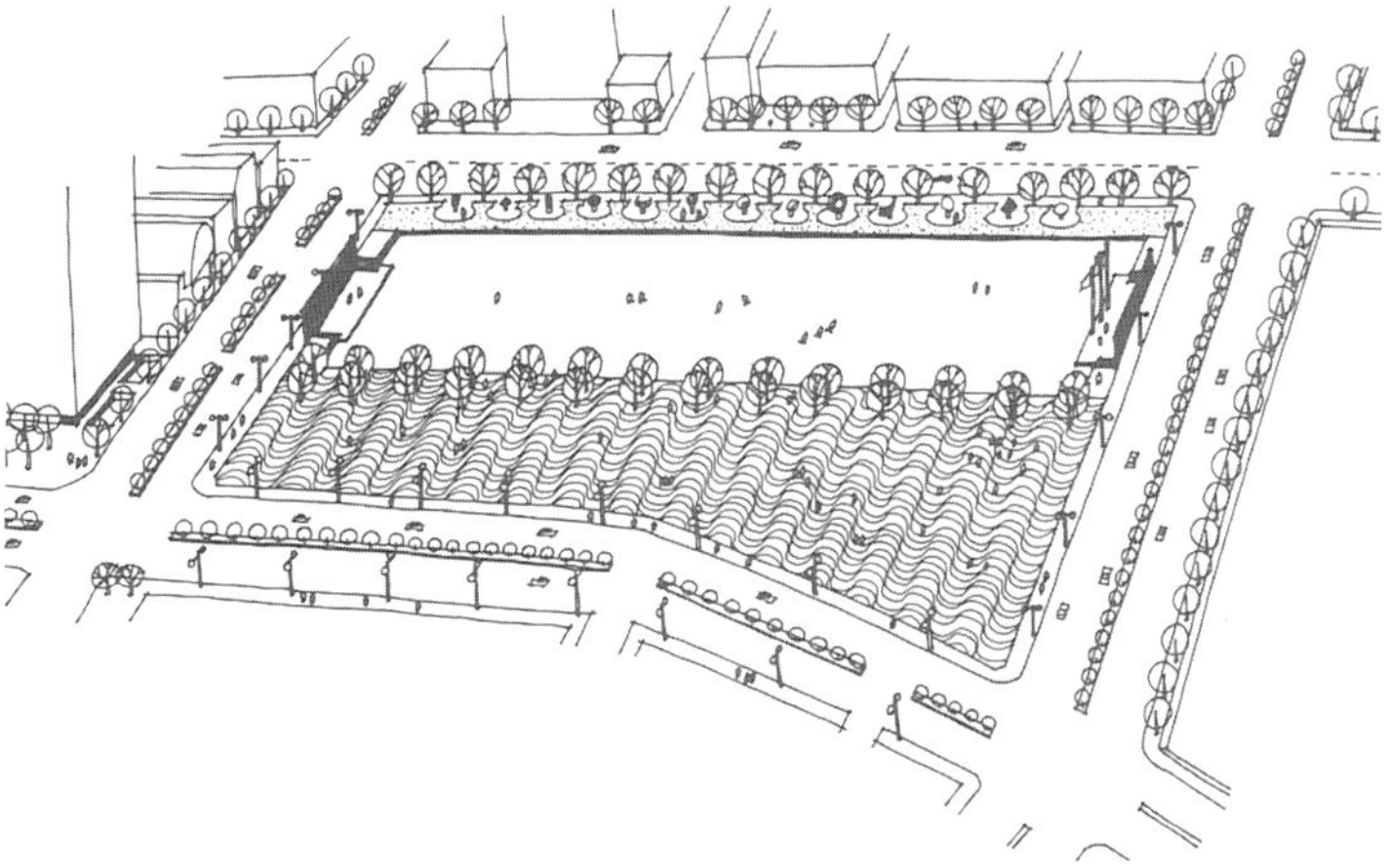

［図1］芦原義信による日比谷公園改造案（『街並みの美学』岩波書店、1979年より）

私たちは公園の二十四時間調査から、日比谷がどんなに多様な人びとの、どんなにか充実した時間を過ごす利用者の多い公園かを熟知している。ユーザーの立場で公園をなかから見る造園家のような立場も是非知っていただきたかったと思う。

花と緑の時代の日比谷公園改造問題

芦原案から一〇年ほどが経ち、建築家が大活躍した大阪万博から三〇年が経過した一九九〇（平成二）年、大阪の鶴見緑地で「国際花と緑の博覧会」が開かれた。万国博覧会（EXPO）の歴史は、永らく最先端の工業文明を展示するものであった。ロンドン博のクリスタルパレスや、パリ博のエッフェル塔といったガラスと鉄のモニュメントはよく知られるところである。これが日本の花博ではじめて花や緑の庭園、〝生き物文化〟をテーマとするものになった。だから

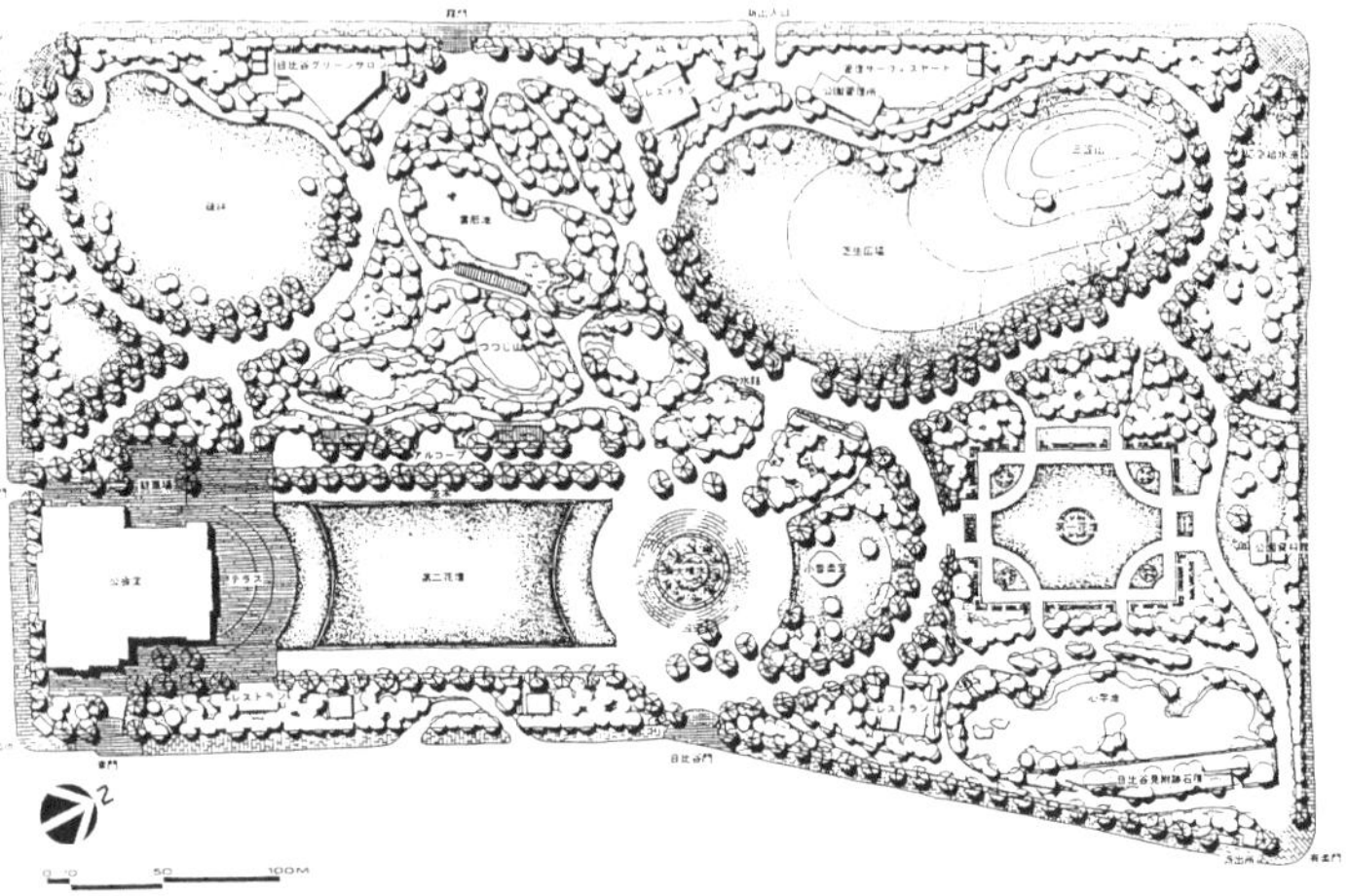

［図2］日比谷公園第二段階構想平面図（報告書の計画案、1992年より）

私は、文明史的大転換だと思った。

しかし、政府は二年後の一九九二年に都市内農地に宅地並課税を決定、都市から農地の自然を追い出すことを進める。生き物も、歴史も、激しい産業化の潮流の下ではなかなかその存在意義は認められないようである。経済合理主義は、都市計画施設でもある公園緑地のあり方に対してもさまざまのプレッシャーをかけてくる。

日比谷公園も社会的要請へのさまざまな対応が迫られた。施設の老朽化や、周辺地域の児童の減少傾向にともない、児童遊具を見直す。大草地においては霞ヶ関などオフィスマンの軽スポーツへの欲求が昂まるなかでフィールドアスレチック器具を配置する。

こうした時代の波を受け、再び日比谷公園改造問題が起こる。「日比谷公園再生基本計画調査委員会報告書」（一九九二年三月）は、佐藤昌委員長ほか北村信正、小林治人、田中正大、吉川需《まつ》、そして私進士五十八の六名の委員によるが、最終的にはできるだけ明治期の本多静六設計案に近づける方向で段階的整備構想を描いた［図2］。たまたま公園史にくわしいというので田中正大氏と私を委員に加えてくれたのと、担当の石川幹子さんも歴史的価値を理解して作業してくださったのでこうなったといえる。噂では、日本を代表する日比谷公園が、造園学を専門に研究したわけでもない林学博士本多静六の設計のままではいかがなものか？という農学系造園家の意見もあり、それによると開園以来ずいぶん時を経て老朽化も目立ち、時代に合わなくなってきたので、大幅に改造すべきだろうということでもあったとか。

報告書のはじめに「開設以来88年目を迎えた現在、社会情勢や公園をとりまく周辺環境は大きく変貌し、公園に対する社会的要請も時代の変化を反映したものとなってきている」とあり、たしかに大改造の意図があったことを窺わせる。しかし実質的な議論は半年に充たず本格的改造にはいたらなかった。

私自身の意見は卒業研究以来変わっていないし、研究室をあげて実行した「日比谷公園の総合的研究」の成果からも、日比谷公園が都民の支持をじゅうぶんに得ていることは確信していた。大改造にはもちろん反対だし、原則復元の方針も主張していたので、報告書のまとめとその後の東京都の幹部の判断にも安堵した。

いまでは笑い話だが、わが国造園学の草創期「農林の対決」というエピソードがある。私のようにどちらでもない者にとっては、学術の発達のためのエネルギーの源泉それがライバルの存在だと好ましく思いさえするが、当事者にはけっこう深刻だったようである。当時の園芸は二分されていた。花や野菜の生産をめざす経済的園芸と、庭園芸または風致園芸とも言われた風景的園芸である。後者が景園学、さらには造園学として独立していくことになる。

一九一六（大正五）年ごろから、東京帝国大学農科大学では農学科園芸学講座の原熙《ひろし》教授と林学科造林学講座の本多静六教授がともに庭園論や公園論など新規分野の研究開拓に情熱を注ぎ競い合っており、自分の学科の学生が相手方の講義を聴講することさえ嫌がったというエピソードが語りつがれている。やがて一九一九（大正八）年九月からは、両者が分担して農学部の正式科目「造園学」の講義に一本化されたのだが、卒業生の官庁での人事にまで後々影響を与えたようである。

いまから思えば、原教授は一九二三年に園芸学会を創設し、本多教授は一九三一年に一水会・造園研究会を興し、本多の弟子・上原敬二は一九二四年創立の東京高等造園学校に事務局をおいて、翌一九二五年に日本造園学校を設立。その結果『園芸学会雑誌』『造園研究』『造園学雑誌』などの学術誌を通して造園学の発展を競うことになったと評価することもできる。

ともあれ、こんなエピソードがまことしやかにささやかれながら、日比谷公園の改造問題は幾度か浮上している。

土木系行政下での「公園観」

改造問題は、日比谷公園が都心の一等地の経済価値の高い場所にあることや、周囲の社会的環境の変容の激しいことなどにも起因しただろう。

しかし私がもっとも強く感じているのは、わが国の造園界ではいまだに、いわゆる「公園観」が確立していないことでの混乱ではないか、ということである。――「公園の性格」いわば、公園という施設空間をどのようにみるか。前の報告書のはじめに書かれているように、公園は単なる都市施設の一部分、つまり緑の装置であって、都市の、社会の、時代の要請が変化すれば、それに合わせて改造していけばよい、否、改造しなければならないという考え方が一般的なのである。「都市機能・都市施設としての公園観」である。もちろん、その一面は無視できない。

しかし私は、公園は文化であるし、歴史でもあると考えている。幼いころ親に連れられて出かけ、成人になると青春をカップルで楽しみ、オフィスで働きつつ休み時間をすごし、音楽と食事を楽しみ、老後にも懐かしく散歩する。一人ひとりの市民にとって、わが人生の折々のひとコマを記憶し思い出を刻む「時間的座標軸としての空間」ではないか。変貌激しい東京で、ここに行けば昔に戻れるという「不変のヘソ」ではないか。また、公園を設計し、施工し、管理し、運営する何十年もの間、パークマネジメントにかかわってきた公園行政の職員たちや事業にかかわった技術者たちにとって、まさに精魂こめ育てあげた作品であり、人生のパートナーではないか。

こう考える視点が前の報告書のはじめにはない。だから改造はむしろ善ということになる。これは公園行政が役所の組織体系で長年土木系に組み込まれてきたということとも無縁でなかろうと思う。

耐久性、安全性第一に河川・道路・下水道事業を推進してきた「土木／シビルエンジニア」では、隅田川に架かる美しい橋や世界に誇る新幹線をデザインした人も少なくないが、大勢は〝用〟

と〝強〟に比重があり、民間の商業ビル、ファッション、それに美術館、博物館のように記念碑的な〝美〟を志向する「建築／アーキテクチュア」とは価値観に大きな差がある。前者では「施設」となり、後者では「作品」となる。一般社会にアピールする著名な建築家やデザイナーは多いが、土木・造園では、技術者と呼ばれることが一般的である。

すくなくとも関係者が努力を傾けた公園や橋梁にはそれなりの〝美〟や、芸術性、文化性が備わっている。むしろ現代の造園やランドスケープには、環境芸術・パブリックアート、エコアート・グラウンドアート、アースワークといった自然性や大地性、それに風土性を豊かにもった〝芸術文化〟としての意義もあるし、土木の先達が造成したダムや堰、水門、閘門《こうもん》、橋梁などの土木遺産は立派な〝歴史的文化財〟であり、その点で建築に劣るものではけしてない。

にもかかわらず、時代的要請、経済社会的要請への対応という言辞を弄して公園の改造・改変、なかには廃止さえ平気で言い出す自治体首長や公園担当者がいる。じつになげかわしい。おそらく、そういう人は自らその程度のものとしてしか社会と向き合っていないか、その程度の仕事しかしていないのだろう。

私もすべての公園に作品性があるとか、文化性があるとは思っていない。しかし本来、公園は単なる施設であってはならないし、光合成による酸素発生装置でも、ヒートアイランド緩和装置でも、雨水浸透装置でも、避難スペースだけでもない。そうした実用的側面をもちつつも、地域社会と住民生活の拠りどころとして、人びととの記憶と思い出をのせる舟であり、コミュニティ精神のシンボリック・プレイスでもあるべきだと思うのだ。

「公園文化」へ、名勝山手公園の指定

だから公園は文化でもあらねばならぬ。公園をデザインすることも、これを育て利用する人も、マネジメントする人も、究極は「公園文化」の生成に向かわなければならないと考えたい。

時間とともに植木は大地に根を張り、見上げるような大木、巨木になってゆく。石は苔むし、風化してエイジングの美（時間の美、歴史の美）が醸される。木製のベンチは風雨に曝され、土地に馴じみ、ウェザードの美を醸成する。もちろん利用者たちも前述のように公園の四季をわが肉体の一部に馴化していく。

これが「公園文化」というものである。およそ都市施設のなかで、文化と呼ばれるにふさわしい空間は「公園」が一番であろう。近代化遺産・産業遺産の名のもとに近年、工業系・土木系施設もやっとその歴史を評価しようという動きがはじまっている。であればなおさらのことである。公園界の先達の努力を理解し、敬意をもってあたること。先人の作品から数々を学び「百年公園」を構想すること。それこそが、ほんとうの「公園づくり」をめざす者の態度でなければならない。歴史の評価に耐えるモノやコトこそが「文化」と呼べるものだからである。

二〇〇三（平成一五）年、横浜市の「山手公園」が文化財保護法による国指定の〝名勝〟となった。法による記念物のひとつ〝名勝〟は、わが国の国土美として欠くことができないもので、これまで歴史的庭園が数多く指定されてきた。京都の円山公園や奈良公園のように公園と名のつく名勝はこれまでにもあるが、いわゆる明治以降の〝近代公園〟では「山手公園」が指定第一号ということになる。

これまでにたくさんの公園がつくられてきたのになぜいまごろ第一号なのであろうか。

山手公園は、一八七〇（明治三）年、外国人居留民のためにつくられた日本初の洋式公園である。一八七三（明治六）年の太政官布達第一六号によって日本に近代公園制度ができるが、それよりも早い。鳴海正泰の著作『横浜山手公園物語』（有隣新書、二〇〇四年）のサブタイトルにある「公園・テニス・ヒマラヤスギ」のいずれもが日本で最初のお目見得で、歴史的にも一三〇余年の歩みを重ねている。要するに、山手公園には指定にふさわしい資格があるということだ。ただ指定理由の中心は日本初とか、一三〇年経っているとか、歴史性におかれ、なおかつ近代公園としての評価というより、名勝庭園の延長線上であったようである。

文京区立元町公園事件

したがってここで指摘しておきたい点は、いわゆる近代以降の都市公園に対しては、近代建築に対するような文化財意識が欠けているようだということである。それはとりもなおさず、公園における歴史性や文化性への評価の観点の欠落、ということになる。

そのことは、「東京都文京区立元町公園・元町小学校事件」でより鮮明になる。

元町公園と元町小学校は、関東大震災からの帝都復興事業による五二小公園のうち唯一原型をとどめるわが国都市計画史の重要なモニュメントである［写真1］。

後藤新平の大風呂敷といわれた帝都復興事業は昭和通りのような大規模道路や、美しい清洲橋のような東京の都市基盤をつくった。そのひとつに井下清率いる東京市の造園技術陣が全力投球した五二ヵ所の小公園事業がある。小学校と公園をワンセットにして住区の中央に配置し、コミュニティの核とする。鉄筋コンクリート三階建てのL字、コの字、ロの字配置の学校と体育館で、非常時には校庭と公園の広場を延焼から守る。普段、日中は子どもたち、夕方から休日は住民が、公園と校庭を共有して走り回ったり盆踊り大会を催したりする。こうして、緑と青空のコミュニティセンターを五二地区につくっていったのである。

しかもその公園と小学校のデザインは、シンメトリー、プラタナスの活用、繊細な細部の構成が特徴で、後々、復興様式と呼ばれる、市民向けに緑濃く美しい質の高い空間を提供しようとした画期的なものであった。

［写真1］左右対称の繊細で上質の公園デザイン、東京、文京区立元町公園のカスケード

こうした歴史的記念物でもある元町公園と元町小学校を当時の文京区長は、区立体育館建替用地とするために壊してしまう都市計画変更の手続きを進めた。しかし全国レベルで反対運動が起こり、「日本都市公園一〇〇選」や「歴史的風土一〇〇選」にも選ばれ、国・都・日本造園学会からもその重要性と保存が要望された。そして住民グループの保存運動もあって、区長は交替し、区の都市計画審議会は二〇〇六（平成一八）年七月の第一回から四回の審議を重ね、二〇〇七年八月には「元町公園の歴史性、文化性についてさらに議論を深める必要がある」（戸沼幸市会長）と審議を打ち切り、区

への差し戻しを決定した。

こうして審議会長の賢明な判断でとりあえず破壊はまぬがれたものの、現職の区長は、都市計画審議会の保存派委員をすべて改選してしまった。したがっていまだに不安定で予断を許さない状況である。

このときの区の言い分は、老朽化した体育館の立替用地に公園敷地を当て、公園は小学校をつぶしてそこに新しく造成する、だからみんな良くなる、というものであった。公園には歴史性も文化性も不要で、新しければ良いという認識しかなかったようである。

文京区の公園現場にはきっと造園学を修めた人材はいなかったのだろう。

古都法から歴史まちづくりへ

さてここで、ランドスケープ（造園）界における〝歴史〟への取り組みを簡単に振り返っておこう。公園緑地というと、〝自然〟や〝緑〟だけに目がいきがちだが、公園は〝歴史〟や〝文化〟でもあるからだ。

明治いなって近代日本がスタートしてすぐに近世の緑地文化の保全問題は浮上する。徳川時代の遺産が放置されるなか、地方の名士や文化人が立ち上がって「保勝会」を設立する。寄付金を集めて日光東照宮を修理したり、嵐山の自然風致を守ったりしはじめた。

こうした環境保護活動は一八九五年に設立されたイギリスのナショナルトラストがよく知られているが、日光保晃会は一八七九年、京都保勝会は一八八一年で、日本が先行している。つけ加えると横浜の豪商、原富太郎が本牧に造園した三渓園を公開したのは日比谷公園開園の三年後の一九〇六（明治三九）年で、イギリスのオープンガーデン運動（National Garden Scheme, 1927）と比べてもやはり約二〇年先行している。明治から現在までの法律の流れを列記すると次のようになる

一八七三（明治六）年　太政官布達第一六号（近代公園制度のはじまり）
一九一九（大正八）年　都市計画法・史蹟名勝天然記念物保存法
一九三九（昭和一四）年　東京緑地計画（景園地という地域制度で景観の保全活用を意図した）
一九五〇（昭和二五）年　文化財保護法（名勝指定で庭園や公園、風景地を保存する）
一九五六（昭和三一）年　都市公園法（歴史性や風致にすぐれた土地を公園として整備する）
一九六六（昭和四一）年　古都における歴史的風土の保存に関する法律（古都法）
二〇〇四（平成一六）年　景観法・都市緑地法
二〇〇五（平成一七）年　国土形成計画法
二〇〇八（平成二〇）年　地域における歴史的風致の維持及び向上に関する法律（歴史まちづくり法）

「歴史まちづくり法」（歴まち法）の成立はこのような流れの上にある。奈良や京都だけの古都法とちがって、もっとローカルな歴史的文化財とまちづくりを組み合わせて全国各地域の元気を取り戻そうというものだ。歴まち法の特色は文部科学省と国土交通省、農林水産省が協調して、棚田などのカルチュラルランドスケープ（文化的景観）から社寺や街並みを含む歴史的ランドスケープ（歴史的景観）まで国土レベルで自然風土とランドスケープの保全施策をはじめたことで

ある。東日本大地震と大津波の被災地を一刻も早く復旧し、次世代への復興を果たすためにも、自然と歴史文化の一体的国土保全は基本中の基本である。

「歴史的公園」をめざせ

「国は、現存する歴史的風致の保存・継承、及び消失する恐れのある歴史的風致の再生を図るまちづくりを積極的に推進するため、新たな支援措置または既存制度の特例措置を講ずる制度の枠組みを構築すべきである」

二〇〇八（平成二〇）年二月、私もメンバーを務めた国交省社会資本整備審議会は以上のような答申を出し、歴まち法へと結実した。この流れは「公園」にも展開されなければならない」と考えている。古都法では「歴史的風土」、歴まち法では「歴史的風致」、私が座長を務めるＮＰＯ法人社叢学会と公園緑地関係者の研究会では、社叢境内林などの社叢に対して「歴史的緑地」という概念を提案している。

安定成長下での国民の関心や志向性は、アクト・ローカル（Act Locally）で、そこでは「地域らしさ」への希求がはじまる。地域らしさの基本は何といっても自然地形であり、歴史文化である。したがっていよいよ、そのことを踏まえた公園政策・緑地計画が求められることになる。

およそ、公園とは何か？を原点までたどれば、自ずと〝歴史性〟や〝地域性〟の重要性は理解されるはずである。私はこれを、「歴史的公園」というコンセプトで従前から提案してきたし、いま強く制度化を求めたい。

「歴史的公園」――これは、城址とか、社寺境内地とか、風土記の丘とか、これまでのような歴史性のある場所を公園にした「歴史公園」とはまったく違う。

「歴史的公園」は、公園そのものの歴史性や文化性を評価してその保全を図る公園である。すでに「歴史的建造物」は言われて久しい。実際にいまも利用されているが、東京丸の内の銀行倶楽部や日本工業倶楽部のように、ある時代を代表する意匠や様式など建築史上の学術的価値があると判断され、関係者の努力で保存復原の施策が講じられてきた。

ただ公園の場合、なかなか造園史的価値、学術的価値という言い方が市民の理解を得にくい。楽しく、美しく、遊べて、くつろげればいい。緑が多彩で、清らかな水と生き物がいてくれればいい。きわめてインティメートな日常生活の舞台で、いわば普通、あたりまえの空間だからである。しかし、どんなに普通の市民の人生にも一生を通じて概観すればその人なりの波瀾万丈伝があるように、「公園」も時間（歴史）が積み重なり、その地域住民とコミュニケーションの永い永い交歓史が描かれれば、すでにそれは「文化」と呼べるものになっている。

私が「歴史的公園」を提案してきたのは、公園にも計画設計、意匠、材料、施工、管理、運営、参加上の独自性や、成立史のみならず生活史、市民との関係史があるからだ。したがって公園デザイナーはじゅうぶんに空間文化を創造しようとしてきたことを社会は理解し、成熟した公園に対してはその文化性、芸術性、歴史性、地域性、市民性、社会性などの総合評価を加え、「文化財」として保全されるべきものだということを主張したかったのである。

じつは、近代公園が百年を迎えたころに、日本の造園界は公園の歴史的な重層性を認めて『日本公園百年史』をまとめた。しかしこのとき、公園のデザインの作品性を評価したり、関係した造園家の人物を評価しようという態度はとらなかった。前述したように土木界と同じで、各事業の歴史的評価と作品の評価は別々に扱っていたのである。端的に言えばクリエーターへの評価眼を欠いていたわけである。この点が、「明治建築」にフォーカスしたり、その作品性や様式、建築家の人物研究を続々と発表してきた建築界とは大きくちがっていた。

明治建築も時代の要請に応えられずに改廃計画がすすむが、そのとき使用目的や、機能を変更しても保存し、やむをえないときはファサード保存などの工夫がなされた。公園の場合でいえば、植栽保存や地割保存、景観構成軸の保全、主要園路のパターンや水面の形の保持などにあたる。

日比谷公園の例では、地割やS字型の大園路パターン、日比谷公会堂や公園資料館などの建築物、本多の首賭けイチョウをはじめとする植栽、ペリカンの噴水、雲形池と鶴の噴水、日比谷見附跡と心字池、園路交点などにつけられた半円型アールコーブ広場、門柱などの工作物――その一つひとつが、すでに歴史的記念物性をもっている。

もちろん日比谷のような大公園、中央公園である必要性はかならずしもない。前述した震災復興事業では五二ヵ所の公園が同時に計画設計された。元町公園と元町小学校もそのひとつ。ほぼ同じようなデザインと施工で一時代を象徴する、復興公園と呼ばれる「公園様式」が保存されている。それはそれで立派な「歴史的公園」である。

私はすでに一九八〇年代はじめから「歴史的公園」の概念を提出し、日本造園学会の平成三年度全国大会の歴史原論系分科会（一九九一年五月）で公表した。山手公園、元町公園、セントラルパークなど事例発表も検討した。そのまとめは「歴史的公園の保存と再生」（進士『造園雑誌』五五（三）二七〇〜二七五頁、一九九二年）として記録され、新たな公園事業メニューとして具体的に採択されるべきであると提案した。

公園緑地管理財団の機関誌『公園管理』をリニューアルしたとき、編集委員長を引き受けたが、そのとき、新しい誌名を『公園文化』に変えるようこだわったことを思い出す。その創刊一号は二〇〇三年三月に発行で、第一五号（二〇一〇年三月）までのバックナンバーは〝公園は文化〟であることを多くの実例で実証した。

これからも私は、公園を文化に昂める活動を続けたい。関係者のみなさんは、五〇年一〇〇年後に「歴史的公園」や「ランドスケープ遺産」と評価されるような「公園づくり」、をめざしてほしい。これこそ「造園家の矜持」というものである。

11章　井下清と公園経営

人生最高の師・井下先生に学ぶ幸運

東京オリンピック（一九六四年）の翌年、私はある化学会社の東京研究所をやめて東京農業大学の造園学科へ入学した。

そして次の年、ときどき立ち寄っていた造園第一研究室で声をかけられた。「キミは下町だったよネ、自動車の運転はできるかい？」

こうして私は私にとって人生最高の師、井下清先生に出会うことになった［写真1］。当時、東京都は「文化財総合調査団」を組織していた。団長は植物学の本田正次先生、副団長が井下清先生であった。民家、民俗、考古学などいろいろな班に分かれて大人数構成だったようだ。のちに井下先生の業績録をまとめられた公園史家の前島康彦氏も歴史グループにおられ、私を可愛がってくださった。

井下先生は、「景観班」を組織しておられた。私の役割は先生を車にお乗せして下町を案内し、先生の指示に従って写真を撮ってくることであった。なにしろ、新米学生だし、先生がそんなに偉い方だとも知らないし、景観班って何を調査するのですか?とつい質問してしまったりした。いまから思えば〝景観〟という言葉とはじめて出会ったわけで、そのころ景観はあまり造園界では使われていなかった気がする。

のちに印刷された分厚い報告書をもらってわかったのだが、井下先生が東京市勤務時代に事業を完成させた公園や緑地のその後の景観の成長ぶりを記録しようとしておられたようである。深川の芭蕉庵にご案内したときは高橋のどじょう鍋屋へ、また水元緑地から柴又に廻ったときは川甚で昼食ということになって、魚系が弱い私はお腹の調子が悪いのでとかなんとか言い訳をしたりした。先生に従って瑞江の葬儀所の内部まで見せてもらったが、不謹慎にも工場のようだと思ったのをおぼえている。そのころ先生はすでに八〇歳を越えておられたが、下目黒のお宅に写真を届けたときなど夜遅くまで昔の苦労話をして下さった。

二年目か三年目には調査対象が荒川流域から奥多摩にかわった。食事が山菜にかわったのでよかったのだが、急な山道を未熟な運転で数馬《かずま》集落まで上りつめ、戻るに戻れず冷や汗ものだったことをいまでも思い出す。

［写真1］井下清（1884〜1973年）

まさか、そんな私が農大造園学科に残り、東京の公園史、日比谷公園の研究をまとめることになろうとは、夢にも思わなかった。孫をみるように暖かくご指導くださる先生に甘えて、好奇心丸出しで夜遅くまで質問を重ねさせていただいた。

のち、私はまだ若かったのに東京都造園組合の『緑の東京史』を執筆編集することになった。そのとき私が意外に自信を持って、その歴史観を語ることができたのも先生のナマのお話をたっぷりお聴きしていたおかげであった。純真無垢の一青年として、晩年の先生の謦咳《けいがい》に接し得たことは私にとってじつに幸運であった。私は卒業論文で「井下賞」をいただいたり、先生が副会長をされていた大日本農会での座談会の記録をまとめさせていただくなどして、さまざまに可愛がっていただいていたので、先生の偉大な功績も知らず、人生の先輩として気楽に前島康彦氏ともども結婚式にご臨席願ったりもした。

恥ずかしながら、井下先生の業績を詳細に知ったのは、先生に四〇年も仕えた前島氏の手になる『井下清著作集――都市と緑』（東京都公園協会、一九七三年）と『井下清先生業績録』（東京市政調査会、井下清記念事業委員会、一九七四年）による。以下、本稿もまた両書によるところがはなはだ多い。

井下先生は、京都生まれ（一八八四（明治一七）年）の申歳《さる》で、蔵前の東京高等工業学校（東京工業大学の前身）を経て東京高等農学校（現・東京農業大学）へ、学校での卒論「都会園芸」で一等賞をもらい、東京市役所に入市（明治三八年八月）された。最初の配属が日比谷公園であったという。私も京都出身、家の宗派が法華宗、申歳、そして工業高校の都立化工、農大、学長賞そしてスタート地点に日比谷公園、そんな共通点をみつけてうれしくなる。先生の実際家（プラクティカルマン）でありながら、ロマンを追うリアリスト的人生に、私は心の底から共感して、生き方の模範ともしてきたのである。

先生は「公園の井下」と全国に名を轟かせ、日本の公園行政の範となる東京史の公園行政を四〇年の長きにわたりリードし、都を退かれてからも八九歳で亡くなるまで、都市計画、観光、公園、霊園、文化財、首都緑化、国土緑化、動物園、造園学会、さくらの会、東京農大、大日本農会などの諸活動に支援を惜しまれなかった。一九七三（昭和四八）年八月八日ご逝去、私ははじめてのヨーロッパ一周調査に出張中で葬儀には出られなかった。

「公園の独立経済」を確立

近年では、都市経営とか自治体経営という言葉も使われ、行政においても「経営」の視点と手腕が問われるようになっている。

しかし、すでに東京市では大正末期から諸準備がはじまり、一九三六（昭和一一）年には「公園事業の独立採算制」が完成する。前島康彦は『業績録』にいわく、「ある人は、先生を最もすぐれた理財家、経営者だ」と評した。これはまさに当っている。勝れた技術、植物、園芸の専門家であり、行政マンであった先生へのこうした評価は、けして悪い意味ではなく、むしろ公園、霊園という特殊な公共事業を大きく発展させるためにとられた「最高の技術」であったと言える。

以前の私には、「公園の独立経済」——公園建設費は各種利用施設の料金収入の積立金などで支弁し、税金の投入はわずかという公園行政の独立採算制は、「公園は不要不急」という社会の価値観のあらわれ、「公園に市民権などなかった」時代の象徴と映った。事実、そのころはそうした認識が世間の常識であったようである。ただ前島氏は、そのことを逆手にとって「公園という特殊な公共事業を大きく発展させてゆくためにとられた最高の〝技術〟として、〝公園や霊園の特別経済の確立〟を実現したのが井下であった」というのである。そう言われればそれもそうかと私にも思える。

さらに言えば、二〇〇四（平成一六）年から導入された「公園の指定管理者制度」を念頭におくと、井下の公園経営論を学ぶことの意義は、今後、ますます重要になると思えるのである。

東京では一八七三（明治六）年、太政官布達第一六号にもとづき上野、浅草など五公園がスタートする。こうした公園について、明治一六年、同二二年、同四二年、大正一五年の「東京市公園使用料条例」などが次々設けられていく。

「東京市は公園地を貸与して、その地代を収入とし、その収入をもって公園の新設改良費に当て、残金を繰越し積み立てて、いわゆる〝公園事業積立金制度〟を確立し、不時の大事業にも即応できるような体制をとってきた」のである。

わかりやすくいえば、浅草公園が好例だが、太政官布達第一六号にもとづき、明治政府はそれまで市民で賑わっていた浅草寺の境内の大部分を「公園」とした。旧幕府時代、無税であったので、明治政府も租税の対象としない土地としたわけである。したがって、地盤国有公園ということになる。その管理は東京市に任されたので、東京市は公園をいくつかの区画に区分し、民間に貸し付けた。よく浅草六区の演芸場などというのがそれである。仲見世通りなどからも地代収入が公園に入ってくる。こうした公園地貸付使用料収入を積み立てて新しい公園の購入費や建設費に当てるという考えである。地代だけではない。徐々に市民サービスのために有料施設を整備していったので、こうした施設の使用料や入場料収入も積み立てられた。施設としては、音楽堂、庭球場、野球場、水泳場、庭園、動物園、多磨霊園、日比谷公会堂などがあり、その総計は膨大な金額にのぼっている。

細かなことはわからないが、日比谷公園の総工費は明治末当時の金額で約三〇万円といわれている。大正初年で東京市の公園積立金は二〇〇万円には達していたというから、いかに公園財源が豊かであったかわかる。こうした状況を踏まえて、公園財源を安定化すべく議会に働きかけたのが井下公園課長であった。

一九三五（昭和一〇）年三月市会は、「公園積立金及墓地積立金ハ昭和一〇年度以降毎年公園及墓地所属総歳入出ノ差額ヲ積立テ若シ臨時経費支出ノ為収入不足ヲ生ズルトキハ積立金ヨリ繰入ルルモノトス」と議決する。積立金はマイナスのときだけ手をつけるが、なるだけ公園経営のなかで収支バランスをとるという考え方である。

翌、一九三六（昭和一一）年三月市会は、「公園、墓地並之ニ付帯スル事業費ノ収支ヲ経理スル為昭和一一年度ヨリ公園墓地経済ヲ設クルモノトス但シ震災復旧費、帝都復興費ノ市債元利支払ハ普通経済ニ於テ負担スルモノトス」と議決した（傍点筆者）。こうして完全独立となった。

おどろくのは、公園の独立経済が人件費までも含めていたことである。

最初は、現業関係員いわゆる傭いの人件費のみを公園経費から支出し、事務系や技術系の職員の人件費は一般市費によってまかなわれていた。それが昭和一一年に「公園墓地経済」が設けられてからは、課長以下給仕までのすべての給料を公園経済でまかなうようになる。

これならば、ほかからの束縛なしで公園行政が自由にすすめられる。事実上、公園課長は、会社の社長であり、経営者と同じことである。これ以降、私大も含めて大学卒の有能な職員を雇用し、前例にとらわれず、自由にさまざまな緑地事業を展開し、東京市の公園行政は全国の魁となっていく。

「公園の井下」――一〇大業績

井下門下を自認する前島康彦氏の執筆した『井下清先生業績録』には多彩な功績が書かれている。そこから私なりに時系列でベストテンをとりまとめて紹介したい。そのすべての基底に〝経営〟の観点があったことに気づくであろう。これからの公園緑地を真剣に考えようとする人、パークマネジメントの研究を深めようとする人にとって、最良のテキストとなること間違いない。

一、井の頭公園・渋沢栄一と郊外公園計画

二〇〇八(平成二〇)年「地域における歴史的風致の維持及び向上に関する法律」(略称歴史まちづくり法)が成立した。

私は、この法律のめざす歴史的風致を活かした公園づくりの嚆矢が「井の頭公園」ではないか

と考えている。一九一三（大正二）年、井下清若冠三〇歳、精魂こめて書いた「郊外公園設置ニ関スル件」（大正二年一〇月市会提出）の一部を省略しながら紹介する。

「井ノ頭、及御殿山、武蔵野村ノ両御料地ヨリ成ル郊外公園トス。井ノ頭池ハ一五、〇〇〇坪清泉湧出シ古来未曽テ涸レシ事ナク、一昼夜ノ湧出量一、二〇〇、〇〇〇石ニ達ス。旧神田上水ハ二五〇年前、本池ノ水ヲ引用セシモノニシテ、池ノ一隅ニ弁天祠アリ。本祠別当ハ、大盛寺ト云ヒ（……）巨樹林立、碧空蔽ヒ、樹下ハ昼尚暗ク（……）此地往時省ノ御殿館アリシ跡ナリト。御料地ノ西方ハ玉川上水路ニ接シ、西里余ニシテ小金井ニ達ス」。実に、名文である。さらに設計要旨があり、「景趣、旧水道ノ遺跡、郊外名勝ノ保存ヲ計ル」とあって、この地域の歴史と風致の保存活用を意図していることがよくわかる。

それよりもすごいと思ったのは、井の頭公園誕生のエピソードである。

わが国財界の重鎮、渋沢栄一は、ボランティア精神に富んで多くの公益事業に尽力した人物である。そのひとつ、養育院についても世話をされていた。井下青年は、渋沢についてくるようにいわれ、はじめて井の頭公園を訪れる。渋沢は、学校が殺風景だから美しい庭園をつくってくれという。そこで井下、「さっそくやりましょう。ただ、この池と森を公園にするわけにはいかないんですか。そうしたら感化院の卒業生をみんなここで使えますから……」。そうしたら渋沢、「それはいい考えだ、ぜひやろうじゃないか」。こうして、秋になったら宮内省から内談があり、御料地を御下賜するからということになった、という。じつにすごいことだと思う。三〇歳の井下、財界の大物、まったく格がちがうのだが、いずれもよい社会を、人びとの幸福を願う一点で一致し、一途に事を成就させてしまった。

二、長岡精神の継承と公園改良、街路樹改良

明治以降の近代に入って、個人庭園とは違う大衆のための公園が計画されるようになる。しかし、その設計法がわからない。したがって、それまでの大名庭園のような大規模庭園に範をとるか、外国の公園を模倣するか、どちらかになる。そのとき、そのいずれでもなく日本型の公園のあり方を追求した人物がいた。井下清が東京市に入市して以来師事した長岡安平である。

長岡安平は、肥前大村藩士で一八四二（天保一三）年生まれ、同郷の楠本正隆が新潟県令になったのでこれに従い新潟市で白山公園をつくった。一八七五（明治八）年楠本が東京府知事になったので明治一一年からは東京府土木掛に着任、明治三一年東京市に転職、一九一四（大正三）年までの四〇年ちかく東京の草創期の公園行政を担った。その間に全国各地の城址公園など自然と歴史の風致を生かした大規模公園を多数設計、大正一四年に逝去。

井下は、門下井下清の名で『祖庭長岡安平翁造庭遺稿』（文化生活研究会、一九二六年）を発行。その「序」に、こう書いている。

「翁は、常に時代の趨勢を大観し、之を其の設計意匠の上に表現し、また深く我が国情民風を考慮して、徒らに新しきに走らず、古きに泥まず、明治維新後の混沌たる我が造園界に立って毅然として其の指針を来された」（傍点筆者）。秋田の千秋公園、広島の比治山公園、厳島公園、東京の浅草公園、芝公園、盛岡の岩手公園、札幌の中島公園、京都の円山公園、福井の足羽山公園、岐

阜の養老公園など五〇近い公園を手がけている。そこには、日本の自然風土、地域の文化を踏まえたじつにナチュラル、嫌味のない日本的空間と風景が広がっている。

日比谷公園が、文明開化の象徴として登場し、全国の大都市の中央公園のデザインに大きな衝撃を与えたことは事実である。しかし、その一方に、前に挙げた歴史風致公園が静かな存在感を保ち、急激な都市化で失われた日本固有の景観的アイデンティティを辛うじて救っているようにも思える。近年、長岡の再評価がはじまっているのもそのことと無縁ではないだろう（長岡安平顕彰事業実行委員会編『祖庭長岡安平——わが国近代公園の先駆者』東京農業大学出版会、二〇〇八年。ほかにも日本造園学会に数篇の発表がみられる）。

ともあれ、井下は東京市の辞令をもらったその日、早速命じられた仕事は竣工したばかりの日比谷公園音楽堂の落成式に出席し、奏楽が終わったとき軍楽隊長に謝辞を述べることだったという。日比谷公園からのスタートではあったが、その後は長岡のもとで浅草公園をはじめ既設公園の改良に従事することが長く、井下の公園観や公園人生への長岡の影響は大きかったといえる。

前出の遺稿集に、長岡が一九二五（大正一四）年一一月日本造園学会で講演した記事がまとめられている。

「造園家の覚悟——庭園は一の芸術である以上、庭園設計家は芸術家であらねばならない。其れには技能智識のみでなく、その作品が生まれ出る為には、常に崇高な精神と潔白を持たねばならないと思ふ。庭園には作者の人格が現れているのであるから、造園家は先ず以って品性を淘冶し高尚なる人格を持って居らねばならぬ。特に造園家は想像力を豊かにし技術の練磨人格の淘冶に懸命することを本文として（……）」。そしてその後も技術者倫理への言及が続く。「技術を金銭に屈せしめてはならない。自分の全智全人格を注げ。いい加減にする気分は許せぬ。この業に入って富を得ようというは間違い。秀れた作品が報酬」。いまでも通じる言葉が並ぶが、井下の人生は長岡の言葉どおりであったと思う。

井下はまた、師の長岡に任された明治三七年以降の努力をそばでみていて「道路並木」の意義もじゅうぶんに認識していたようである。

一九一九（大正八）年、雑誌『庭園』に「道路樹木の研究」を発表した井下は、俗に「東京市型」といわれる支柱丸太の組み方を考案している。また『街路樹』（全国市政調査会、一九二五年）、同（一九五二年）、『街路並木』（東京市長会、一九五八年）の啓発図書も出版している。震災復興に関連して都市美運動が盛り上がるが、井下はその一翼を担われていたこともあり、「道路の並木は公園の延長で、都市装景上の意義が大きい」と考えたのである。都市景観における街路の緑の重要性は、いまも不変であるが、その意義を認識する当局者はいまでも残念ながら当時からあまり増えていないようだ。

三、日本初の庭園墓地・多磨霊園の設計

東京の市街地が窮屈になるなか、かつての寺院境内の墓域はいっぱいになり、青山、谷中、染井、雑司ヶ谷、亀戸など市有共葬墓地も大正期に入ると限界にきていた。そんなころ、欧米視察から帰った白沢保美林学博士からハン・ピエッナーの『風景式墓地』（一九〇三年）が井下に贈

られた。井下はそれから数年をかけて諸外国の近代公共墓園の研究を重ね、一九一八（大正七）年には試案を作成するまでになっていた。

井下は、一六年間もの永い技手生活を経て、一九二一（大正一〇）年東京市技師に任ぜられた。前年田尻市長が疑獄事件の責を負って辞任、スーパー政策マンの後藤新平が自らの腹心三名の助役と共に東京市長に就任した年である。後藤市政は、人事の刷新と機構改革を断行、大正一〇年四月東京市に初めて公園課が誕生する。

一九一九（大正八）年に都市計画法が制定されるが、その翌二〇年、井下が勉強してきた多磨墓地は東京都市計画事業として決定。後藤市長の都市計画担当助役池田宏の積極的推進力で実現、一九二三（大正一二）年四月には多磨霊園の一部が開設されることになる。ただ、都心から三〇キロの地で当初利用者は少なかった。そこで井下は知識人にアピールしたり、東郷平八郎元帥の国葬を日比谷公園で挙行するなどして多磨に名士の墓域が立地するよう工夫した。震災後は寺院墓地の移転先としても活用され、日本初の風景式墓地の評価は順調に高まっていった。

多磨墓地の設計図は、実に都市設計そのものでもある。武蔵野らしい自然樹形の大木が点綴し、格子状に大小区画が広がり、放射環状路が巡る見事なもので、処々には休養園地もあって自然公園の趣きさえもある。

四、帝都復興五二小公園・校庭と公園の一体的配置

後藤新平は助役のひとり永田秀次郎を後任の市長に推し、自らは一九二三（大正一二）年四月

退任してしまう。ところが同年九月一日東京を襲った大震火災は、市域の四三パーセントを焦土と化し、焼失家屋二一万棟、焼失戸数三七万戸、罹災人口一四八万四〇〇〇人、本所の陸軍被服廠跡での焼死者五万人をもたらし、永田市長も、井下公園課長（大正一二年一一月課長に任命される）も震災復興に明け暮れることになる。政府の対応も早く、後藤新平が内務大臣、そして帝都復興院総裁として指揮をとる帝都復興事業が始まる。

日比谷公園の設計者・本多静六林学博士は、井下公園課長の顧問的位置づけの公園常設委員として重要なブレーンでもあったが、井下はほかにも工学博士の伊東忠太、文学博士の鳥居竜蔵、理学博士の三好学など各界の多彩な権威と親交を深めていた。

帝都復興院の参与会議で本多静六は、公園緑地の防災と避難機能を踏まえ、大中公園の配置と公園連絡広路による系統的かつ全地積の一〇パーセント以上の公園整備を提案。ほぼ同時期、復興院評議会での当局案には、官公有地の公園化、焼跡地域内小学校地の拡張により児童公園の併用が示される。おそらく井下は、内務省、復興院の公園関係者などとも調整をすすめていたのだろう。一九二四（大正一三）年最終的な結論は国が四月、市が七月、次のように告示された。

・国施行の三大公園：総面積八万八千坪、総額約一、二〇〇万円、八ヶ年継続事業
・東京市施行の五二小公園：総面積四万四千坪、総額約一、四〇〇万円

こうして復興公園事業の大枠が決まったところで、井下課長に「公園施設視察ノ為欧米各国出張」（東京市）、「欧米大都市ニ於ケル公園・施設ニ関スル調査嘱託」（内務省復興局）の命がおり、大正一四年七月から約一年間欧米視察に出かけることになった。

その成果か、内務省三大公園はおもにアメリカに範をとったデザインとなったが、東京市の五二小公園はおもに北ドイツ、ベルリンの北の宅地開発地内のコンペ当選作などを公園デザインに応用したといわれている。

井下指導による震災復興公園の特徴の第一は、小学校の南もしくは東西に公園を隣接して配置した点である。それによって公園は校庭の延長として運動場や教材園として活用される。他方公園は、小学校区の住民にとり地域コミュニティの中心となること、不燃建築の学校によって守られた防災避難空間ということになる。公園の規模は九〇〇坪が標準（六〇〇〜一、〇〇〇坪）で、誘致距離が五〇〇メートル。地割は、樹林花園が三〇〜四〇パーセント、残りが通路広場、建物。集団的運動や盆踊りなどイベント用の大広場を設け、その一方にパーゴラ、他方に壁泉や整形池など修景を施し、プラタナスの並木を植栽。ほかに幼児用の砂場や少年少女用運動器具を配置している。

震災復興計画はほとんどかなりの部分が区画整理事業ですすめられたが、道路、街路樹、橋台地公園、小公園がプラタナスの緑でネットワークされ、東京市域の風景は一変した。近代公園史上、唯一の「公園様式」を創出した功績もきわめて大きい。

それにしても井下の市民愛の深さには、心打たれるものがある。復興小公園に対する配慮をふりかえっての一文を読んでみたい。

「わずか九〇〇坪の広さで如何に近隣公園として満足してもらえるかを考えた。大部分が商業地域の裏通りという地区であったので、芝生花園などがふさわしいのだが、実際は家族がいて使用人も案外多い地区なので、多数の児童と休養の場もない勤労者が多いことから、顔を洗い手を洗って朝の新聞も読める、水も飲めれば清々しい便所も自由に使える、また休息できるベンチ、涼亭も必要であって、それ等のものは時代の反映から相当高級な品質と意匠を凝らしたものを用い、植栽も奥山的もあれば野ずえのところ、花園芝生、ときに岩組もあって、勤労者が朝夕十分に愉しめる休養庭園的意図を、児童公園に重ねた」（傍点筆者）

要するに、大人にもじゅうぶんふさわしい高級な品質と意匠、いわばホンモノを子どもたちにも提供したのであった。

ただ、いまではせっかく、こうして災転じて福となした復興公園も、区移管などもあってそのほとんどが原形をとどめていない。

公園史家・前島氏は、そのことを怒っている。「何でも古いものは新しく衣更えせよ、という戦後派の拙い役人造園家の過ちのおかげで、大正末昭和初期に成った、いわゆるエポック的公園パターンをひとつも残さず喪ってしまったことは惜しんでもあまりある。折下、井下先生の労作を、何人が如何なる権威のもとに破壊し去ったのか、私はこれを追及する」と。日比谷公園も、五五の復興公園もほんとうは未来に遺されるべき日本を代表する「歴史的公園」であったことを忘れてはなるまい。

五、寄付公園の貰い頭井下清

ヨーロッパの王侯貴族の私園が革命などによって解放されるのと違って、寄付公園をもらうに

は受け入れ側の役人など当事者の人柄や信頼感が大きなキメ手となる。社会貢献への投資が不十分な日本のような国で「寄付公園」は貴重だが、そのためには井下のような経営センスが不可欠だった。

代表的な寄付公園をあげると、一九一三（大正二）年井ノ頭公園御料地下賜（井ノ頭恩賜公園）。一九二四（大正一三）年旧芝離宮址、上野、猿江御料地下賜（旧芝離宮庭園、上野恩賜公園、猿江恩賜公園）、旧岩崎家深川別邸（清澄公園）。一九三四（昭和九）年麻布広尾台高松宮所有地（有栖川宮記念公園）。一九三七（昭和一二）年徳富蘆花旧邸（蘆花恒春園）、一九三八（昭和一三）年岩崎家駒込別邸（六義園）、故小倉恒吉氏記念（向島百花園）などだが、全部で大小五〇近い。

寄付公園の契機にはいろいろあるが、寄付者と井下との日常的かつ親密なつきあいが基本であった点が重要だ。そこで井下への信頼が深められ、公共のために園地として提供することの社会的意義を井下に説かれ、これに賛意を表して寄付となるという例が、もっとも多かったようである。

寄付者の厚意を井下は、園名への反映、十全な修景整備、または碑、沿革を公園案内に誌すなどの方法で記録にとどめ、丁寧な管理によって東京市に寄付して良かったと思ってもらえるよう万全を尽したのである。だからこその貰い頭だったことを忘れてはいけない。

六、日比谷児童遊園事業・公園での児童指導

世田谷区内で数十年前にはじまった「遊ぼう会」の活動が現在、全国に波及し〝プレイパーク〟という言葉が定着している。第二次世界大戦後の青少年の不良化防止策として欧州ではじまったアドベンチャープレイグラウンド（冒険遊び場）の日本版である。そこでは、〝プレイリーダー〟と呼ばれるスタッフが子どもたちをサポートしている。じつは、これは戦前から児童遊園に配置された〝公園児童指導員〟にほかならない。

子どもの遊び場のデザインには、高度な遊器具を配置したり遊具のコンビネーションで遊ばせるタイプ（アメリカ式）と、大きな砂場や芝生広場などシンプルな空間ではあるがプレイリーダーや指導員など人的サポート本位のタイプ（イギリス式）の二種にわけられる。一九二二（大正一一）年から日比谷公園の児童遊園を舞台に開始された児童指導は後者の考え方である。

井下先生はもともと次代を担う子どもの環境に対して一貫して強い関心を持っていた。明治末、師の長岡安平の指揮で芝公園に紅葉滝を新設したときにはその中流に「徒渉池」（いわゆるジャブジャブ池）をつくったし、井下自ら日比谷公園に少年用鉄棒と木製ブランコ（明治四三年設計）や日本式木造滑り台（大正二年設計）をつくっている。

都市の環境悪化のなか、児童の育成は「第二国民の育成養護」のスローガンのもと、社会問題化し内務省衛生局主催の「児童衛生展覧会」（大正九年一〇月）も開かれ、造園界も積極的にこれに対応、〝児童遊園地設計図〟などを出展している。こうした社会的潮流に造園人は比較的敏感であった。少しでも公園や緑を理解してほしい、という心根からだろう。とくに、各界と幅広

い社会活動のネットワークをもった井下はなおさらであったろう。

一九二二（大正一一）年からは、日比谷公園の児童遊園で土、日、東京ＹＭＣＡの矢津春男（公園課嘱託）が児童の遊び指導に当たる。井下の発案で、「公園における専任児童指導員」の初めであった。

そこに大正一二年、関東大震災。子どもたちの遊び場確保は復興公園のテーマとなり全公園に配置することになる。翌一三年日比谷公園では、一般区域と区画をはっきり独立させた大児童遊園（特設児童遊園）が発足する。井下は、その責任者として末田ます女史に懇請（公園課高級常勤嘱託）し、児童遊園（ハード）と児童指導（ソフト）を一体化した児童保護指導事業の振興をめざした。末田女史は大正六年渡米、一二年帰朝、ＹＷＣＡで児童指導に当たっていたところをスカウトされた。「大震災後一年足らずの、実に多忙を極めた市政のなか、かくも将来を思ひ、愛情と熱意とに溢れた計画がなされたことは、誠に先見の明といはざるを得ない」と、井下のことを末田は書いている。井下も末田の要望を入れておしみなくハードの充実を図る。三〇〇坪からはじまり二〇ヵ年の間に逐次拡張をくり返し一三〇〇坪時代を迎える。実質二、〇〇〇坪の児童遊園を舞台に大勢の専任の公園児童遊園指導員がサポートする「公園児童指導の黄金期」を招来したのだ。

その全記録は末田ます著『児童公園』（清水書房、一九四二年）として公刊されている。また井下はこうした活動を支援し社会化する推進組織として、また外部応援団として、社団法人日本児童遊園協会を林学博士上原敬二とともに一九二五（大正一四）年一二月に立ち上げている。一九二八（昭和三）年から協会の機関誌『児童生活』が発刊され、子ども生活支援の実践研究発表の場となった。童話作家の久留島武彦が協会の会長になるが、保母養成所の石原きく所長、倉橋惣三東京高等師範学校教授、童話作家岸辺福雄ら第一線で活躍する諸氏が居並んだ。井下公園課長は、昭和一五年課内に職員三十余名を擁する児童係を設け全都の公園の児童指導の徹底をはかる。しかし、戦後はしばらく細々と公園の巡回指導がつづいたが、幼稚園の充実に譲ることになり消失してしまった。ただ本当は、公園における児童指導の理念＝〝ネーチュアスタディ〟（自然学習）は、二一世紀環境の時代の子どもたちにこそ求められているものだ。

末田女史によると、アメリカにおけるプレイグラウンドの指導者の条件は三つ。第一、子どもが好きで子どもと一緒に遊べるひと、第二、集団指導ゲームなど指導技術を修得しているひと、第三、自然を愛し自然を理解しているひと。この第三が、公園における指導＝〝ネーチュアスタディ〟の基調にある。野生種であれ栽培種であれ、草本であれ木本であれ、野菜であれ小鳥であれ、その育成、増殖、ウォッチングを実習し、これを物語に紡いで子どもたちに伝えることができなければならない。

私はいま日本学術会議の会員で、環境学委員長をつとめている。その分科会ではまた二〇〇八年に「学校教育を中心とした環境教育の充実に向けて」を、また二〇一一年「高等教育における環境教育の充実に向けて」を内閣総理大臣に提言することとした。現代っ子では、集団遊び、自然体験、農業体験などの諸体験が激減しており、これからは学校教育のなかでしっかりこれを組み入れるしかない、という考え方からである。地球環境問題解決への近道は環境教育からであり、その一歩は〝体験教育〟にあり、ということである。さらに、そのための指導者養成が可能な大学や大学院を充実しなければならないという考えもある。

いずれにせよ、日比谷公園の一隅から〝ネーチュアスタディ〟の思想と実践がスタートしたという歴史的事実に、造園界は誇りを持ってほしい。すべての大人たちが〝自然を愛し、自然を理解するひと〟になれば環境問題もなくなるはずである。「ネーチュアスタディ」こそ、二一世紀パークマネジメントにふさわしいテーマであろう。

七、都市美運動と造園家の役割

全国五〇〇～六〇〇ちかい自治体で景観条例が施行されるほど、景観への関心が高まり、規制の根拠となる親法への要請も強まっている。一方で国土交通省の誕生で「美しい国づくり政策大綱」もでき、ついにわが国ではじめて「景観法」（二〇〇四年）が制定された。

景観づくりへの試みは幾度となく歴史に登場する。その典型例は一八九〇年代から一九一〇年ごろアメリカで盛りあがった「都市美運動」（City Beautiful Movement）であり、その影響を受け関東大震災からの帝都復興に合わせて日本でもはじまった「都市美研究会」（一九二五年一〇月設立）。それが翌年には東京市役所に本拠をおくことになり、組織も東京市長阪谷芳郎男爵を会長に、東大教授塚本靖（建築）、東京市土木局長牧彦七（土木）、東大教授本多静六（林学・造園）の三名を副会長とした「都市美協会」（一九二六）へ発展、専門家中心の官製都市美運動ではあったが、約一五年間にわたり東京のみならず全国の大都市に影響を与えることになった。

ここでは、東京の都市美に井下が重要な役割を果たしていたことを紹介したいのだが、その前に「都市美と造園家の役割」を解説しておきたい。多くの場合、景観とか都市美の担い手は建築家だと思われているからである。しかし都市美の基本は造園にある。

事実、いま景観法の所管課は国土交通省の公園緑地・景観課であり、アメリカの都市美運動の先駆者はニューヨークのセントラルパークの設計者フレデリック・ロー・オルムステッドであった。東京の都市美協会にも本多静六林学博士が副会長として参加、東京市公園課長の井下も理事として推進役を担っていた。

オルムステッドの提案した新しい職能「ランドスケープ・アーキテクト」を文字どおり訳せば「景観建築家」であり、これを日本では「造園家」と訳したのである。オルムステッドは、一、都市美における自然美の重要性、二、都市全域をつなぐパーク・システム（公園系統、緑と水のネットワーク）の提案、三、専門家の存在とその協働の重要性を主張している。

都市美研究会の発起人で、都市美協会の常務理事として、その運動をリードした人物に橡内《とちない》吉《よし》胤《たね》（一八八八〜一九四五年）がいる。彼は、「都市は、単なる労働の場ではなく、自然と調和した健康で愉快に住まうべき場所とすべき」と主張、一九二四年東京初の民間植樹組織「帝都植樹協会」を設立し、四月の植樹デーにあわせて植樹の実践を試みたり、実用一辺倒の都市計画を批判した。水辺や緑、都市美の重要性を訴え、そうした研究分野を「造園学の一分科とすべきである」とまで言及している（中島直人著『都市美運動』東京大学出版会、二〇〇九年）。橡内はこうして、後協会のもうひとりの常務理事石原憲治（東京市技師・建築学）らと都市美研究会の設立に立ち上がるのだが、市の技師仲間でもある井下にも当然のこと相談があったろう。一九三五（昭和一〇）年、井下の東京市入市勤続三〇年の会が開かれ、このときの出席者リストにも石原憲治の名がみえるし、そのとき市の保健局長宮川宗徳のあいさつにも「井下君は、私の仕事も公の仕事も総て東京市の公園事業に寄与する道であるというような気持ちで（……）歴史或いは旧跡名所、天然紀念物、或いは園芸方面、建築方面、都市美というような有ゆる方面に向かって飽かざる研究を積まれ（……）」（傍点筆者）とあって、井下の都市美への尽力は広く知られていたようである。

一九二六（大正一五）年四月三日には都市美協会第一回の植樹祭が日比谷公園において開かれるなどして、道路祭（昭和六年以来）、建築祭（昭和一〇年）とともに都市美への関心を高める努力がつづくが、戦争のため一九四〇（昭和一五）年を最後に都市美協会活動は停止する。

都市美協会編「都市美協議会研究報告」（一九三七年五月）には井下の〝造園〟が都市美に果たす役割を強調するところがでてくる。

「都市風景が緑地に負うこと厚く、緑地の植物等が都市建築美と関連して都市美を構成し、其が展望されることに依て其価値が幾十倍にも増幅されることを確認する時に、緑地造園計画とこの管理経営は都市美の保存と発達の上に大なる使命を負うものである」。

八、紀元二六〇〇年記念事業と皇居外苑の緑

巨大都市東京が、世界の諸都市に比較して見劣りしないですんでいる理由のひとつは、皇居の

緑の存在であろう。周辺部には二〇〇メートル級の高層ビルが林立しつつあるが、あれだけのオープンスペース、ただの自然ではない、江戸城以来四〇〇余年の歴史的環境と一体になっている濠の水面、石垣、土手と緑樹、それに日本の美、松と芝生の外苑が広がる。

眼前のこの緑の風景に整えられたのは、いまでは批判もあるナショナリズム色の濃い「紀元（皇紀）二六〇〇年記念事業」においてである。当時の東京市は、国家宣揚、国民精神総動員方針の下、一、万国博覧会招致、二、オリンピック大会開催、三、宮城前の整備とそこでの二六〇〇年記念式典挙行の三つを、一九四〇（昭和一五）年の実現をめざして数年前から検討しはじめていた。

当然、市民局公園課長であった井下もこれに深く係わり、とくに一の会場計画では中心的役割を果たし、三の整備事業では最高責任者として尽力した。

私は以前、かつて東急の五島慶太に従って二子玉川園などの設計に当った高村浩平氏に、井下の指示で描いたという万博会場計画図の下書きを見せてもらったことがある。万博の正式な東京開催は一九三七（昭和一二）年決定、公園課は翌年早々、万博協会に技師を派遣、晴海と豊洲の埋立地を会場予定地とし計画をつめていたが、昭和一三年七月には中止、勝鬨橋だけができた。宮城外苑整備事業のほうは、東京市が「とくに御許可を得て宮城外苑を整備し奉る」との趣旨で、東京市長ほか宮内省内務省学識者五二名の大審議会が発足、井下公園課長（技術委員）の担当は、植物株物芝其他、整地石垣修築其他、濠池外周道路植樹帯及雑工事」の設計施工。昭和一四年〜一七年度の四年継続事業で、多数の国民の勤労奉仕によってすすめられたが、昭和一五年九月ま

［写真2］昭和初期の多磨霊園正門

での総額は約五四万円にのぼる大規模事業であった。

こうして記念式典は一九四〇（昭和一五）年一一月一〇日無事執行された。クロマツ最上品五〇〇本、シイ、カシ、モチ、モッコクなど三五〇本、ヤマザクラ、ケヤキ、ヤナギなど二〇〇本、低木類三、三〇〇本など、井下の厳しい植栽設計監理の成果が、いまの皇居外苑に育っているのである。

九、公共葬務事業の総合体系の確立

ドイツの諸都市には、たいてい中央墓地と称する大墓園が市街地に設けられている。広大な自然風景式の園地のなかにゆったりした並木のある曲線園路が通り、路傍には芝生園地や花園、処々に噴水があり、美術彫刻とみまがう墓域が点在する。はじめて訪れたとき、大木と芝生の豊かな自然に、静かな時間と先祖と霊的コミュニケーションも可能かと思わせる雰囲気を実感して、これこそ「公園像の究極」かと思ったものである。井下の多磨霊園はこうしたイメージが下敷きであったのではないかと想像した［写真2］。

ところで、アメリカの都市と公園の発達史を調べると、公園前史として「墓地」が登場することがわかる。アメリカの公園のはじまりは、田園墓地だったのである。

アメリカに移住した人びとは、それまでまちなかの教会ヤードやコモンの一角に設けられていた墓地に葬られていたが、都市化がすすむと墓碑の密集と荒涼化、伝染病による墓地需要増で社会問題化してきた。そこで町が見下せる高台の自然地に地形を生かして緩やかな園路を通し、池をつくり、植栽と彫刻で修景した美しい墓地をつくったのだ。ボストン郊外のマウント・オーバーン・セメタリー（一八三一年）が初めての田園墓地で、「この墓地は直きに一般の人々のリゾートになるだろう」といわれ、ローレル・ヒル（一八三六年）、グリーン・ウッド（一八三八年）、グリーン・マウント（一八三八年）、ローウェル墓地（一八四一年）などが次々登場、市民の憩いの場となってゆく。こうした田園墓地に何万人もの人びとが集まる事実から、アメリカの都市にも公園が必要だという世論ができていったのだ。

アメリカであれ東京であれ、都市化は、働き手を集めるだけではない。集住した都市住民の〝死の始末〟（葬務）と〝終の棲家〟（墓域）の問題は避けて通れない問題なのである。

井下のすぐれた点は、誰もが忌み嫌う「死」に対する処置は、社会的義務であり社会施設として推進されるべきだとして、「葬祭施設・公共墓園論」を生涯の課題として研究実践したことだろう。

井下はおそらく市内の墓地不足から多磨墓地の計画を発想したのだろうが、関東大地震のとき本所被服廠の死者たちを見、日比谷公園に埋葬される東京大空襲での死没者らを見続けたことで、また一方でこのことへの行政のなかでの関心の低さを知るにつけ、その強い責任感から尚一層このことを忘れることはできなかったのであろう。

井下のいう葬務体系とは、一、死直後より葬前までの処置一切、二、葬儀式と告別に関すること、三、火葬、埋葬に関する葬処置一切、四、永遠の霊園に関する一切のこと、五、これらの各種業務および施設を連絡して一貫した運営に資する運輸業務、の五つを指す。

実際井下は、二のための青山葬儀所に続き、三のための瑞江葬儀所（江戸川区、一九三七年竣工）を、四のためには多磨霊園につづき八柱霊園（松戸市、一九三五年竣工）、小平霊園（一九四四年都市計画決定）などを整備し、公園緑地行政のなかに都市計画墓園や葬儀所業務を組織している東京都独自の方式を確立したのである。

一〇、緑の羽根・国土緑化推進委員会・首都緑化推進委員会

いまではお馴染みの「緑の羽根募金」はいつごろはじまったのか。それは一九二四（大正一三）年のことであった。東京市の嘱託職員だった井下の助力でわが国初の造園技術者教育のための東京高等造園学校を開校したばかりのころ、造園学の畏友上原敬二（一八八九年生）、翌年の都市美研究会の発足に向けて燃えていた東京市の建築技師・石原憲治（一八九五年生）、そして井下清（一八八四年生）の三名が互いに声をかけあったことがきっかけとなったという。震災翌年、上原三五歳、石原二九歳、井下四〇歳、いずれも新しい東京をいかに再生すべきかを話し合い、その具体化に向って若さと情熱を傾けたものだろう。

戦前までは都市美協会の主催で植樹デーや植樹祭が実施されていたが、戦後は一九五〇（昭和二五）年設立の国土緑化推進委員会、昭和二六年設立の首都緑化推進委員会の主催で行うように

なっていく。

井下は国土緑化委員会では理事をつとめ、両陛下の行幸を仰ぐ国の「植樹祭」にかならず出席、一九五二（昭和二七）年からは井下の提案で緑の恩人を表彰することになる。井下と生涯をともにした長岡、本多、白沢、原、福羽らの諸氏と一緒に、浅田、横溝、成家などの造園業者も推薦している点は、公園技術家・井下の面目躍如といった気がする。

首都緑化推進委員会では、米寿までの二十余年は常任委員長として「街の植樹祭」「山の植樹祭」に尽力する。造園家を志す者にとっても植樹や緑化活動はファーストステップ。古くから世界中でアーバーデー（植樹日）のない国はない。毛沢東の唱えた「祖国緑化」や「四傍緑化」は基本中の基本であるし、さらに「生産的緑化」はいかにも社会主義的合理主義のあらわれである。どこの国でも戦争後は緑化から国づくりをはじめたものである。

井下は、一九〇五（明治三八）年東京市入市以来営々として「緑の東京」を築いてきた。それがその晩年、またも緑化推進運動に邁進することになる。井下が愛用したペンネームは〈唯緑園主人〉、〈花守人〉、〈井蛙生〉であった。いまはもうないが、下目黒の井下邸の目印は、環状六号線の道路沿で唯一生垣の家だったことを思い出す。井下が他界してからもうすぐ四〇年。その間、二〇〇〇年には「緑の東京計画」、二〇〇三〜〇四年には「日比谷公園一〇〇年記念事業」、二〇〇四年には「パークマネジメント・マスタープランの策定」で公園経営の新時代を迎えている。

いま東京都の公園緑地マップを開くと、ほぼ全都的に自然公園、緑地保全地域、風致地区、都立公園や市民緑地、緩衝緑地など様々な種別の緑でいっぱいであり、三五年前二、〇〇〇ヘクタール余だった国、区市町村立公園を含めた東京都の都市公園面積は六、八〇〇ヘクタールに近づいている。

井下が構築した総合的公園行政と積極的な運営力・経営力の伝統は着実に継承されている。「緑の東京」に捧げた井下清の生涯に、われわれは感謝しなければならないし、そこから多くを学ばなければいけないだろう。

東京市保健局公園課長に着任して間もない一九二七（昭和二）年に井下は、東京市政調査会の雑誌『都市問題』（一九二七年八月号）に「公園経営の財源と自営策」という論文を書いている。

そのすこし前、日本庭園協会誌『庭園』（一九二三年八月号）の記事をみると、「公園は芸術的な庭園と異なり、其利用性の如何に価値を見出すのであって、園そのものが如何に立派な研究されたものであっても、公衆が利用しにくいもの、利用さるべき誘致力に乏しいものでは、公園としての価値のないものと云ふてよい。（……）公園の利用性は其位置と設計と管理法に依って大体定まる（……）」とあって、いかにも大局的で経営者的立脚点が感じられる。

ところで、『都市問題』の論文は、以下のように受益者負担など合理的見解を述べつつも、「公園に就いての理解の乏しい時代にあっては」として財源自営策を論じている。くわしくは論文にゆずるが、井下の経営観が確固たる論理のうえにあったことがよくわかる。

「其を利用し其れに依って直接間接幸福を受くるものが負担すべきは当然であって、一般税支弁とするか公園税と云ふ如き明に区別された付加税として徴されるべきものである」

さらに日本公園緑地協会誌『公園緑地』（一九三八年一二月号）には、「東京市の公園行政」の講演記録が掲載されているが、そのなかで公園墓地経済の昭和一三年度の歳入歳出を詳細に費目別で示し、また収入の基礎となる施設利用者総数、人件費の基礎となる公園課職員数なども挙げており、経営者井下清の頭のなかが目に見えるようだ。井下はその少し後、一九四二（昭和一七）年、市民局（後、健民局）公園部長になっているが、指定管理者のための研究資料として分析すると面白そうである。

ただ、次の一節は忘れないでいたい。

「以上申上げたやうに、公園の経営は現実主義ではありますが、その反面に於て吾々の考へ方としては、公園の経営といふものはひとつの理想を持つていなければならならぬと思ふ。即ち時代をリードして行くだけの理想を持たなくてはいかぬといふことをはっきり考へて居る次第であります。」「果たして東京市民の情操教育にどういふやうな影響を来すかといふやうなことを考へて来て居る次第であります」（傍点筆者）

これこそ「公園経営論」の正鵠、まさに公園経営者の矜持ここに在りである。

ダ・ヴィンチ
2.20
BIYA
ADAN

12章　パークマネジメントのこれから

都心再生の動きと公園緑地の社会的価値

「公園の経営は、現実主義であるが、時代をリードする理想を持たなくてはいかぬ」とは井下清の言葉。果たして時代をリードする理想とは何か。

公園経営というより、いまではパークマネジメントというほうが適切かもしれないが、それはいまや単に公物管理として公園緑地をメンテナンス（維持管理）するだけでは済まなくなっている。近年、自治体の財政難と小さな政府論が相まって〝指定管理者制度の導入〟と〝民間の知恵と経営力に学べ〟との潮流が強まっているからである。この点、井下清の公園経営独立採算制を経験している東京の公園行政は、すこし事情が違うかもしれない。ただ日比谷公園の場合は、都心中の都心という立地と、都市再生推進法のバックアップで一段と高度化した開発圧力のドまんなかにあり、大丸有（大手町、丸の内、有楽町）の一体的都市再開発事業の進展によって、ひとり公園だけがモンロー主義を通すことは許されない状況になってもいる。

そこで、日比谷公園とその周辺を巡る近年の動きから三つの例を見てみよう。

そのひとつは、私もメンバーの「ＮＰＯ法人東京セントラルパーク」。造園家などの専門家が主要メンバーでのＮＰＯ活動で、二〇〇三年五月に第一回シンポジウムを開いている。すでに東京都の都市計画上〝中央公園〟として計画決定されている緑地群をネットワーク化し、一団の公園として都心に緑が顕在化することで、緑と文化の両面から東京再生を実現しようという運動である。具体的には日比谷公園、国会前庭、内濠、皇居外苑、皇居東御苑、北の丸公園、千鳥ヶ淵公園、千鳥ヶ淵戦没者墓苑などをひとつの公園として認識できるようにする。そのためには、歩行ネットワーク、自然再生などハードはもちろん、現在バラバラの管理組織の有機的統合や市民参加などソフトウェアを工夫すべく次のリーディングプロジェクトを提案している。

一、情報発信、基金設立でこの構想を広報啓発する、二、景観地区の指定などその意義と価値を法的に担保する、三、東京駅から行幸通りをつないで皇居外苑の広場化を図る、四、この周辺への国内、国際観光を推進する、五、ヒートアイランドの緩和と生物多様性確保のため皇居の緑などエコアップを図る、六、玉川上水からの給水の復活など濠の水の再生を図る、七、千鳥ヶ淵公園沿い遊歩道の拡幅と森づくりをすすめる、八、高速道路を地中化し千鳥ヶ淵の水面を再生する、九、半蔵濠から桜田濠沿いの車道を緑地化して遊歩道化する、一〇、大手町再開発とあわせ日本橋川を再生する、一一、埋め立てられた外濠を復元再生する。こうして江戸開府四〇〇年記念にふさわしい首都東京の「文化都市の再生」をめざそうとしているのである。

ふたつ目は、私が具体化計画の委員長を務めた『皇居周辺緑の統合整備に関する提案』（二〇

［写真1］明るく楽しい大噴水の周辺での日比谷公園の利用

〇八年一二月）である。最高裁判所を設計した建築家・岡田新一氏の問題提起を受けて、建築、土木、造園関係の学者、国都区の行政関係者、この辺りのエリアマネジメントを担っている大丸有協議会、三菱地所など企業関係者が「皇居周辺緑の統合整備協議会」（二〇〇八年九月）を立ち上げたもの。皇居外苑ほか、国会前庭など三権の丘、霞ヶ関官庁街をつなぐ皇居の濠沿いの緑地と国道、都道、区道の街路樹等の緑を中心とし、その縁辺の景観軸を整序し、世界都市にふさわしい日本の顔、東京の森づくりをめざそうというものである。

その目標は、ＮＰＯ東京セントラルパークと近似しているが、具体化への手段として街路樹の統一、適切な管理、路傍の処理などを東京都、千代田区はじめ国交省、環境省、宮内庁、警視庁など関係行政機関の担当者の参加を得て、実務レベルで調整をすすめている点と、あわせて地権者など関連企業も同じテーブルについて議論してまとめるなど、リアリティを求めている。ここでも、次の五つのエリアに分けて一六の道空間への景観デザインプロジェクトが提案され、実現可能性の高いものから具体化すべきだとしている。

一、三権の丘エリア、二、霞ヶ関官庁街エリア、三、お濠端エリア、四、日比谷通りエリア、五、行幸通り・馬場先通りエリア。

なお、東京都も二〇〇九年三月に「東京都景観計画の変更（素案）——皇居周辺の風格ある景観誘導」を出して、前記提案を支持する方向での景観コントロールを示唆している。

歴史的公園のオーセンティシティとソフト施策の充実

以上ふたつの動きは、東京都心の緑と景観再生の提案であるが、三つめは日比谷公園そのものを中心に置いて公園の保全再生と周辺整備開発の連携を模索しようという研究で、私は座長を務めた。

当然のことながらここでは、公園のあり方がメインテーマとして問われることになる。

この会の主体は東京都公園協会で、日建設計総合研究所がスタディをまとめている。以下はおもに「日比谷公園の活性化及び周辺まちづくりに係る懇談会」（二〇一一年三月）の第三回資料からの紹介である。この研究会では、日比谷公園百有余年の歴史と成果、その意義と魅力について広く深く研究し、整理する一方、周辺のまちづくりの動向とビジョンを踏まえた日比谷公園の活性化や再整備のあり方について、アメリカのＢＩＤ（Business Improvement District）制度など民活型パークマネジメントの可能性も視野に入れながら検討してきた。

同会には、日比谷公園を熟知し、理解しているメンバーが集まり、日比谷の本質を保存したうえでの、いわば「歴史的公園」のオーセンティシティ（authenticity／真実性）を尊重するための整備方針を明確に掲げている。新たな開発整備行為を許容できる範囲を限定的に示すという考えのもと、とくにソフト、たとえば指定管理者などが主体となったＢＩＤ制度などによる〝公園と連携したまちづくり〟の可能性に注目した。この保全の視点は、私も重要だと考える。井下のいう現代のニーズとか理想とは、「変わらない空間・安定した景観」が都心に存在し続けることではないか、と私も思うからだ。激変する都市の要請に合わせて公園がハードの改変をくり返すようでは、その公園独自の公園文化や、公園の魅力、アイデンティティは確立しえない。たとえ日比谷公園のように激変する都心のなかの公園であっても、その保全と再生にあたっては「歴史的公園」として評価されるに値する〝日比谷公園ならではの歴史性・文化性の核心〟が求められる。すなわちこの公園のオーセンティシティの保全を大前提としてリフレッシュされなければならないことは一〇章「歴史的公園をめざせ」でも述べたとおりである。同会では、以上のことを踏まえて次の四点が検討された。

一、日比谷公園の社会的価値の再認識（「日比谷公園力」の再認識と「公園文化の創造」、景観法における「景観重要都市公園」の位置づけ）

二、時代の要請に対応した日比谷公園のあり方の検討（周辺緑地との連携のあり方、エコロジカルネットワークの構築、ユニバーサルデザインへの対応、周辺の公園緑地との連携、防災機能の強化）

三、公園と都市の新しい関係の創造（公園と都市が一体となった日比谷地区の新たな魅力の創造、都市観光・都市活力などにおける活用）

四、日比谷公園パークマネジメントの具体的手法の検討（持続的な管理・運営の仕組みづくり、民間活力導入とパートナーシップの推進）

こうした要素が挙げられたうえでさらに、日比谷公園の将来像を「西洋の受容の場、洋風の発信の場」から、「日本の歴史性と先進性を発信する場」へと導く四つの方向性（舞台）が議論されている。すなわち、「都心のオアシス・環境形成のモデルとなる舞台」「東京の顔となる文化・交流の舞台」「新たなライフ・ワークスタイルを発信する舞台」「非常時や環境面から首都・東京を支える舞台」である。

ここでソフト施策の一例として検討したＢＩＤを具体的に紹介したい。ＢＩＤとは、〝地区改善のための民間主導の組織づくり〟と〝官公主導の資金調達の仕組みづくり〟を組み合わせた官民パートナーシップによる地域活性化手法で、財政難時代の近年注目されている制度である。ニューヨークではすでにユニオンスクエア、タイムズスクエアなど約五〇地区がＢＩＤに指定され、六〇〇〇万円から一億円までいろいろな事業規模ですすめられている。

その成功例であるブライアントパークの場合、二〇〇〇年度の公園運営予算約三億二〇〇〇万円は、公園使用料、飲食店賃料、ＢＩＤ地区内不動産所有者やテナント住民からの負担金のそれぞれが三〇パーセントずつとなっている。

他方、経費の内訳は、公衆衛生（二二パーセント）、公的イベント（二〇パーセント）、警備（一七パーセント）、一般管理（一五パーセント）、プロモーション（一五パーセント）、資本維持（七パーセント）、園芸維持管理（六パーセント）となっている。ブライアントパークとその周辺

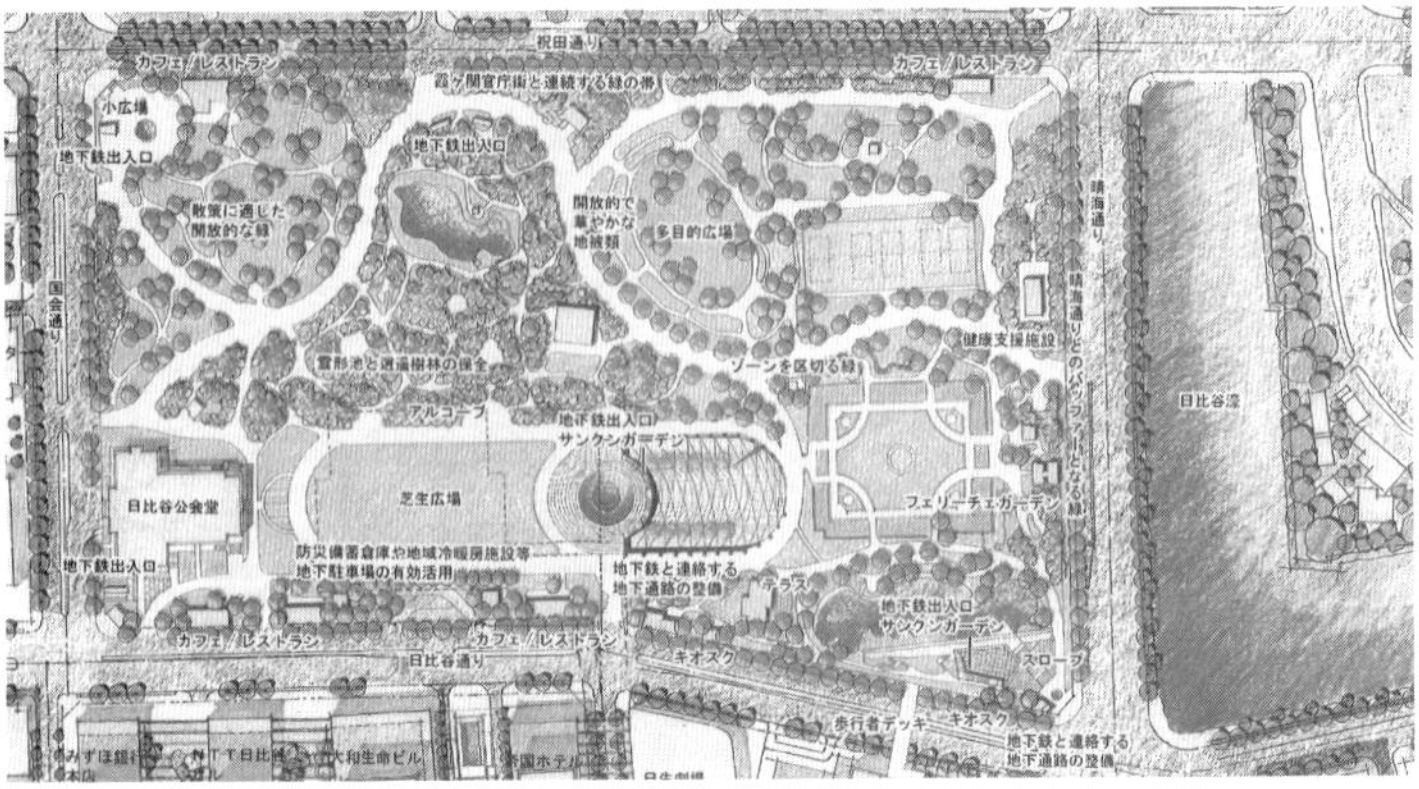

［図1］「日比谷公園の活性化及び周辺町づくりに係る懇談会」で検討されたイメージ案

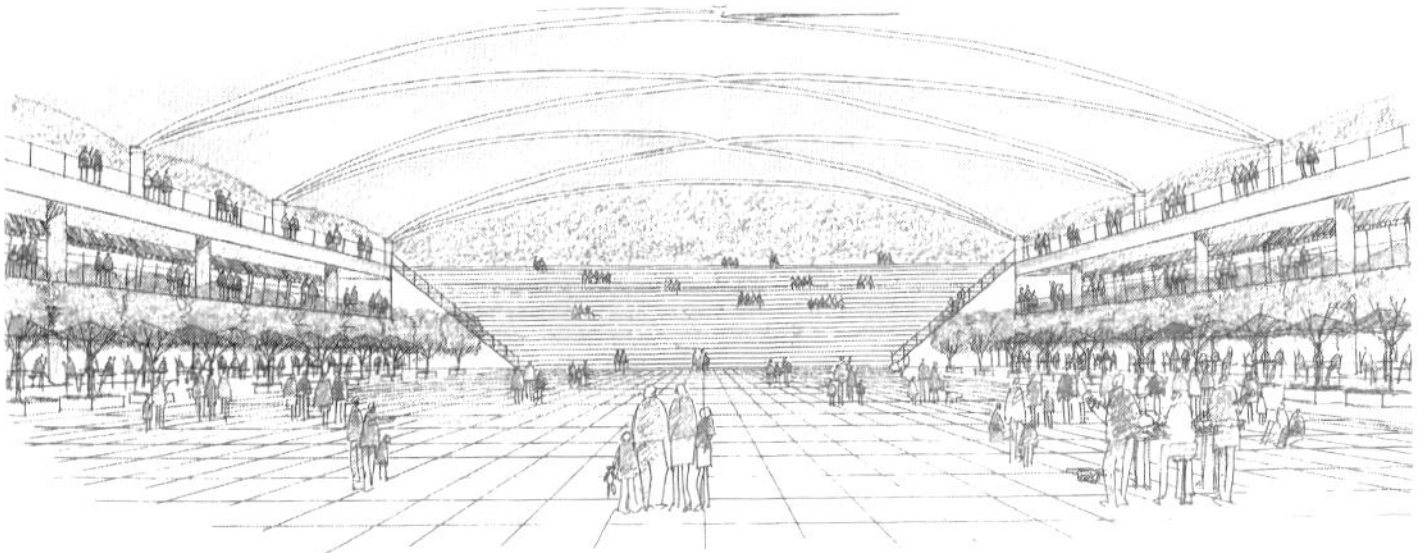

［図2］大噴水前に設けたサンクン広場と地下空間への接続のイメージパース

［図3］日比谷通りでの歩行者天国を想定したイメージパース。
カフェなどの整備と開放的な街路景観のスタディ

一帯はＢＩＤ地区に指定され、一九八八年からロックフェラー・ファンドが設立したＮＰＯ法人ＢＰＣ（Bryant Park Corporation）によって荒れた公園の復旧改善、利用者の倍増をめざしたパークマネジメントが開始された。

安全安心で魅力的な公園が再生され、ハイメンテナンスとダイナミックなビジュアル、文化、知的野外活動、美しい場所とフリーイベントを提供することで、周辺の不動産価値を高め、ニューヨーク観光をリードしている。特に年二回のファッションショーと冬期のスケートリンクは企業の社会貢献策としても評判だという。

大テントでのイベントなどは、日比谷公園のような「歴史的公園」のオーセンティシティを損なうことなく、時代と社会の、また企業など経済活動からの要請にも応えられる方法である。一方でこれは、公園の運営資金調達のためにも有効で、すでに日比谷公園一〇〇年イベントでも好成績をあげている。そのためにもこれからは、地割、配植、意匠、通景線など園内景観を変更することなく、大イベントを容易に受け入れられるような配電、給排水など地中のインフラ整備をすすめる必要があろう。ちなみにこの懇談会での検討の過程でイベント広場や園内カフェのイメージスケッチも描かれた。もちろんひとつのイメージにすぎないが紹介しておきたい［図１〜３］。

四つのネットワークと日比谷再生

ともあれ東京セントラルパーク構想も、皇居周辺の緑と景観デザインの提案も、東京都公園協会主宰の懇談会も、今後の日比谷公園にとってきわめて重要な課題をとらえており、同じ方向性を共有していると言える。

私の考えをまとめれば、日比谷公園のような都心の公園は、周辺地域からの変化の要請が強いが、これに対してはできるだけソフトなパークマネジメントで対応すべきであり、公園独自の空間性・自然性・景観性・文化性・歴史性をバランスよく育んでいく必要がある。さらに、日比谷公園を孤立させないためには、周辺緑地群・歴史遺産群・都市的施設群とのネットワーク強化が求められ、都市計画と緑地計画を、都と区が一体になって進めることが望ましい。これらのことをもっと具体的に紹介するために、私のかねてからの持論「四つの機能のネットワークによる緑地論」を援用して提案したい。
一、オープンスペースネットワーク――日比谷公園から北の丸公園までを緑地系統として、歩行者が安全で快適に移動できるようその経路と連結を図り、サーキュレーションを完成すること。
二、ランドスケープネットワーク――緑の皇居の石垣と濠の水面や国会議事堂のブールヴァールと日比谷公園が視覚的に連続して見えるよう、また借景や眺望が可能になるよう眺望景観の連携を図ること、移動シークエンス景観を楽しめるよう視野の連続感をデザインすること。
三、エコロジーネットワーク――空間のちがい、管理主体のちがいを越えて、野鳥や昆虫などの生き物、また水や風が循環できるように自然面が地表、地中、上空で連続しているようにすること。
四、コミュニケーションネットワーク――緑と空間、施設と場所などにおける内外からの訪問者が、また利用者同士が、世界の人びと同士がコミュニケーション可能となるように、それにふわしいスペースとチャンスを計画すること――たとえば霞ヶ関の官庁のグラウンドフロアをオープンオフィスとし、それぞれが各省庁所管の事業の広報や情報発信のフロアとして、また旅行者が休憩できるオープンカフェとして提供されることで、日比谷公園、ホテル、皇居、国会議事堂などがネットワーク化される。そのことは、日本の観光、東京の観光の振興・ビジネットジャパン運動にも有効であるし、内外の老若男女が日本の情報と江戸の歴史文化とふれあうことができれば、緑のコミュニケーションネットワークが成功したことになる。

以上が私の考える「四つの緑のネットワークによる都心再生への提案」である。ネットワークで重要なのは、日比谷公園はもとよりそれぞれの場所は、それぞれの独自性をキチンと保有したまま、すなわち個性的で独立した空間性をしっかりと醸成し発信しつつ、全体をネットワーク化しなければならないということである。絶対に、一色のまち、一色の公園にしてはならない、多色多彩な都市・公園連合圏の実現をめざすべきだということである。

近年の都市再開発では、ユニバーサルデザインの観点、景観デザインの統一志向が強すぎて、人びとの移動欲求さえ萎えさせてしまうようなモノトーンが目立つが、あくまで独自の景観文化質をもった個性的な空間世界がネットワーク化されてこそ、全体験の悦びは得られるのである。

都市の文明性と公園の文化性――ランドスケープ・マネジメントの時代へ

日比谷公園のような場合は、この位置に百有余年存続しつづけたことそのものに大きな社会的価値がある。それでも都市再生、都心の高度利用の潮流のなかで、また公園の経営経済的な面で変化への要求は高まる一方である。そんななかで理想的な公園管理はどのように考えたらよいのだろうか。

それへの私の結論は、「日比谷公園力」というものをあらためて再確認することであり、パークマネジメントの目標は「公園文化の創造にある」という考えを徹底的かつ具体的に追求することである。

一般的にみて、時代をリードできるものには、施設や空間のユニバーサルデザイン化や、緑や水の生物多様性の回復（エコアップ）、公園利用者の顧客満足度アップのための景観・空間の高質化や利用情報サービスの向上、文化芸術等の機会提供が考えられる。

もちろん前述した東京セントラルパーク構想のような広域ネットワークづくり、また皇居周辺景観デザインなど東京の顔、世界都市の風格づくりやハイメンテナンスも、現代をリードするうえで重要であることはまちがいない。

しかし、私がここで考えるべきもっとも重要なポイントは、〝公園〟と〝都市〟の関係性で、その好ましい関係のあり方をこそシッカリと掘り下げるべきではないかということである。

たとえば、日比谷公園自体の意味と、周辺市街地地区自体の本質的意味のちがいについてである。お互いに求め合うような双方の良さと共生のための相補性の中身を見出すことである。緑と建物、自然と人工、アウトドアとインドア、生き物と無機、土とコンクリート、オープンとクローズド、無料と有料、不変と激変、緩と急、曲と直、柔と硬、自由と管理、遊びと勤労……このように対比させて、双方の特質を浮かびあがらせ、そのうえで双方を結合すればよい。

要するに、公園だからといってただ水と緑というわけだけではない。とくに日比谷公園百有余年の波乱万丈の公園生活史をみてわかるようにこの公園は〝人間的出来事〟と〝人間的雰囲気〟が横溢している。たくさんの人びとの永い間の記憶や思い出、人びとの人生の面影がつまっている。人びとの生き方、それはライフスタイル〝文化〟である。そういうたくさんの文化が集積して〝日比谷文化〟ができあがっている。

日比谷公園には、その大地性、場所性、自然性、時代性、そして百余年の歴史性と公園生活性が掛け合わさって「日比谷公園力」と「公園文化力」が醸成されている。それが眼前の景観や空間を、並の公園とは大きく差別化して見せているのだ。

［写真2］後ろに築山、上に藤棚、前に水面、静かで癒される雲形池畔の利用

公園行政の当事者は、またパークマネジメントにあたって忘れてならないのは、都市側（市街地内の新陳代謝の激しい建物群など）に欠けている自然でおだやかな時間が流れる「空間」であり、豊かな歴史の積み重なりを容易に感じさせる「景観」であり、これこそ日比谷公園と実感できるような「公園文化」の存在である。

便利で機能的だというだけでたえず更新され、地価に応じた収益のためにコマーシャリズムで上辺だけを飾りたてた銀座や有楽町の粧いとまったく逆の雰囲気が、この公園空間の価値、人びとが日比谷公園にまで足を伸ばす魅力の本質だということを忘れてはならない。

その意味で、日比谷公園の「文化財性」に由来するオーセンティシティへのこだわり以上に、公園行政、パークマネジメント側自身の「日比谷公園の存在価値」への自信と自覚、いわば「公園自身の矜持」が求められる。繰り返しになるが、以前、公園緑地管理財団の機関誌『公園管理』の編集委員長をお引き受けしたとき、公園管理の最終目標は〝公園は文化である〟と社会が認めるようにすることだと主張して『公園文化』と改題した。公園独自の価値を私は「公園文化」と言いたいのだが、周辺市街地の都市性との好ましい関係は、まさにそうした都市性と対極にある公園性を強調し、またそれを育て、前面に押し出すことだと思う。

要するに「都市の文明性」に対する「公園の文化性」のコントラストを、第一義的に自覚すべきだと思うのである。

いま都心地域では、エリアマネジメントがすすめられている。だからそのなかではことさら、〝公園〟という場所の異質性が際立つはずである。エリアの多様性という魅力を醸成するのに公園はきわめて有効なのである。

これからの公園管理、パークマネジメントの基本方向は、公園と環境の基調を生物多様性（バイオダイバーシティ）で保全し、そのうえで多様な市民の多様な文化活動と空間利用（ライフスタイルダイバーシティ）を図り、その結果、景観多様性（ランドスケープダイバーシティ）を育むことである。パークマネジメント、エリアマネジメントそしてランドスケープマネジメントの総合的推進が重要になるだろう。

12章 パークマネジメントのこれから

あとがき

本書は、現在一〇八歳を迎えた日比谷公園の自分史である。

わが国初の洋風公園として難産のうえでの誕生ではあったが、西洋文明の象徴として、庶民の憧れだった洋花・洋食・洋楽を味わえる新世界は開園当初から広く愛された。一方で、明治の元勲らの国葬や日比谷焼打ち事件など、国家広場として政治の舞台となり、花壇展や彫刻展、モーターショウなど各種イベント、そして桜と交換でアメリカからやってきたハナミズキの植樹などさまざまな国際交流行事が行われ、新聞の社会面をにぎわしてきた。関東大震災のとき、その直後には一夜明けると一五万人の小都市が出現、日を経て仮設された避難小屋では、六千余名を収容した。戦時中は高射砲陣地が築かれたり、食糧難でイモ畑がつくられたり、波瀾万丈の生活史を歩んできた。最近でも年越し派遣村がつくられたことは記憶に新しい。

私たちが公園を語るとき、ややもすると自然環境やみどりに特化したり、ランドスケープデザインの特色にフォーカスをしぼってしまいやすい。

しかし、公園というものの本質やその社会的意義の大きさは、公園の空間性、自然性、場所性、社会性、歴史性、文化性に加え、あるひとつの人生に見立てた公園生活史にも広く光を当てなければわからない。

ところでほとんど知られていないが、日比谷公園はじめ東京の公園は永らく、整備も運営も独立採算制でなされてきた。税金を財源とせず、施設やボートの貸出しなどを有料にして公園行政の経営努力で賄ってきたのだ。近年、財政難もあって民間の知恵を期待して指定管理者制度がすすめられているが、東京の公園行政はその先駆ともいえる。

本書の副題「一〇〇年の矜持に学ぶ」の意味はここにある。

日本の政治家たちは道路や港湾が主で、公園は副と考えてきた。そういう状況を克服すべく、ハード／ソフトに工夫を加え、経営努力を積み重ねた気概と知恵こそ公園マンの矜持、プライドというものである。その東京市公園グループの総帥が、私も学生時代からご縁をいただいた井下清であった。この本は日比谷公園百年史であるが、私に使命感をもって造園学人生を歩むことの悦びを教えて下さった井下清先生へのオマージュでもある。緑の帝都復興から都市美運動まで、自然学習《ネーチュアスタディ》による子育てから多磨霊園の設計と葬務研究まで、まさに造園家の矜持を体現してみせてくださった大先達である。

日比谷公園は、全国一〇万ヵ所に及ぶわが国の都市公園の原点であるが、私自身の造園研究人生の原点でもある。自ら開発した調査法ではじめてトライした公園であり、生涯のパートナー美保子との初デートもこの公園であった。研究室の学生たちとの二十四時間調査も楽しい思い出である。

本書は、私なりの緑政学序説であり、どうしてもまとめておきたかった公園社会学である。

なお、本稿の初出は東京都公園協会の機関誌『都市公園』で二〇〇六年七月から二〇〇九年三月にわたって続いた連載「日比谷公園からの発想」である。本書はこれを大幅に組み換え、加筆し、山岸剛氏による撮り下ろし写真を加えた。鹿島出版会の川尻大介氏により編集されたものである。資料の調整など公園協会はじめ大場由佳子、青木いづみ、高島智晴、粟野隆の諸君にお世話になった。

私の無理を聞き入れて、すばらしい本に仕上げていただいた川尻氏の熱意と努力に心から感謝したい。

二〇一一年四月八日　　進士五十八

著者

進士五十八（しんじ・いそや）

造園学者、東京農業大学名誉教授、東京農業大学前学長、日本学術会議会員、ＮＰＯ法人美し国づくり協会理事長。

一九四四年生まれ。日本造園学会長や日本都市計画学会長、日本生活学会長、国・自治体の環境・景観・緑系審議会長などを歴任。日本庭園にはじまり、緑のまちづくりから自然環境の保全活用計画、農の風景、景観施策まで広範にランドスケープを研究。多くの著作を通して美しい国づくりに寄与している。農学博士。

著書に『グリーン・エコライフ』（小学館）、『アメニティ・デザイン』（学芸出版社）、『日本の庭園』（中公新書）ほか多数。日本造園学会賞（一九八九年）、日本農学賞、読売農学賞（二〇〇六年）など受賞多数。二〇〇七年には紫綬褒章受章。

日比谷公園 一〇〇年の矜持《きょうじ》に学ぶ

二〇一一年五月二〇日　第一刷発行

著者　進士五十八

発行者　鹿島光一

発行所　鹿島出版会

〒一〇四－〇〇二八　東京都中央区八重洲二－五－一四

電話　〇三－六二〇二－五二〇〇

振替　〇〇一六〇－二－一八〇八八三

写真　山岸剛

見出しカット　石川岩雄

造本・装釘　伊藤滋章

印刷　壮光舎印刷

製本　牧製本

 ISBN 978-4-306-07291-6 C3052　Printed in Japan

本書の内容に関するご意見・ご感想は左記までお寄せください。

Mail：info@kajima-publishing.co.jp

URL：http://www.kajima-publishing.co.jp

INDEX

サ行

タ行

ナ行

ハ行

マ行

ヤ行

ラ行

ワ行

日比谷公園生活史年表

西暦（和暦）	日比谷公園	公園一般
1716（享保元）		徳川吉宗、江戸市民のために桃園と桜園をつくる
1801（享和元）		松平定信、白河の南湖を経営する（領民に公開した日本初の公園）
1871（明治4）		居留外国人のための東遊園地（神戸）、山手公園（横浜）設置
1873（明治6）		太政官布達第拾六号、社寺境内や名勝地を公園とすることを府県に下達（近代公園制度のはじまり）
1885（明治18）	東京市区改正審査会（芳川顕正会長）を内務省に設置。遊園、市場、商法会議所、取引所などの設置を議決。エンデとベックマンの官衙街諸官省配置案中にPublic Gardenとして日比谷付近に公園設定案あり	
1888（明治21）		東京市区改正条例公布（日本の近代的都市計画のはじまり）
1889（明治22）	3月、東京市区改正設計議定（都市の社会政策的施設として公園がはじめて位置づけられ、49公園、100万坪を一挙に議定。非実現。5月、東京府告示第39号（旧設計、公園の部、第一、日比谷公園、麹町区日比谷練兵場の中面積凡54,400坪—市内を代表する中央公園に位置づけ決定）	大日本帝国憲法発布
1893（明治26）	「公園論」が論じられる（小沢圭次郎、日本園芸会雑誌47号以降に連載）。1月31日付、日比谷公園公式設定。5月、市独自設計案立案。6月、日本園芸会が同会に設計を委ねるよう府知事に出願。同会3氏（田中、小平、小沢）に図案呈出を求める	
1894（明治27）	日本園芸会3図案（甲乙案、小平義親宮内省技師、丙案、田中芳男同会副会長）を府知事に復申。このころ公園地内に賊が出没恐嚇、行人しばしば災罹ありと社会批判がおこる。文部省より東京図書館用地として公園地借用方の申入れがあり、市区改正委員会で佐久間貞一ら大都府中央公園として狭すぎると反駁	日清戦争

西暦(和暦)	日比谷公園	公園一般
1896(明治29)	明治25、26年に続き第3回公園用地取得で51,712坪となる。図書館用地を文部省に渡貸することを決定	
1897(明治30)	「日比谷公園の名は立派なるも未だまったく公園の風致を添えぬのみかは……」(『風俗画報』12月号小沢圭次郎)など、公園への世論が強まる。東京市会の立田彰信他「日比谷公園設計並びに起工に関する建議」(公園改良準備金が22万円の巨額に達したので、公園施設の着手に余裕有り云々)を提出し、市会がこれを可決	
1898(明治31)	公園改良取調委員会設置「日比谷公園開設意見」(兼六園や偕楽園を手本にしたような設計案)を市会議長に提出	
1899(明治32)	公園に対する期待は大きいが、それに反して、造園設計理論や公園への観念は未成熟な事情が浮き彫りになる。「開設意見」市参事会で審議の結果、設計者を辰野博士に依頼しその報告を待って着手すべし、となる。築山泉水式が否定される。辰野金吾工学博士案提出されるが、不採用となる(8月)。取調委員会案にもとづいて、一部工事費(8,200円)計上、可決、地均、道路、広場排水設備、外棚の諸工事に着手、公園の輪郭造成を行う(8月)。この頃市参事会議長星亨は松田市長に極論(公園地を陸軍に還してしまえ!)をもって速やかに公園を開設せよとせまる	
1900(明治33)	日比谷公園造営委員会設置(委員長に市助役・吉田弘蔵)。市吏員5名による設計案成るも採用せず	
1901(明治34)	4月、東京帝大農科大学教授本多静六林学博士に設計委嘱。10月、本多案に基づき予算383,000余円3ヵ年継続事業として市会へ提出。市会修正(洋風趣味を主として予算175,450円、2ヵ年継続事業として)議決される。日比谷公園工事着工(監督・本多静六林学博士、詳細製図・本郷高徳(後、ドクトル)、土木主任・田中鋭太郎技師、現場監督・白石信栄(後、日比谷公園主任)、37,660円支出。この年、本多の首賭けイチョウのエピソードあり)	
1902(明治35)	4月より日比谷公園本格的着工。175,000円支出	
1903(明治36)	3月、日比谷公園の面積拡大を含め市区改正新設計告示。6月1日、仮開園式挙行。公園西部に日本体育	

西暦(和暦)	日比谷公園	公園一般
	会より遊動円木、鉄棒、回転塔、米国式梁木、水平階梯等の青年運動器、少年用ブランコが寄贈される。300坪の児童遊園も出来。11月、大井憲太郎主宰の普通選挙期成同盟大会開かる。バンド・ステージ式音楽堂建設着手(予算4,987円、現小音楽堂の前身)。この頃の掲示板に「荷車、空車の馬車、人力車の入園禁止、広告看板、諸芸人、行商立入禁止、不体裁の容装での入園禁止」があり。植栽貧困のため「霍乱(カクラン、日射病)公園」の異名あり。公園施設として開園当初より洋風喫茶店松本楼、和風喫茶店三橋亭(現在のパークセンターの前身)、高柳亭、麒麟亭などコーヒー店、日本茶店、ミルクホール、腰掛茶屋、盆栽陳列場としての植木屋の出店を認めた。26,682円支出	
1904(明治37)	5月、日比谷公園で仁川海戦祝捷会。9月、遼陽城占領祝捷会。3,930円支出	ロシアに宣戦布告
1905(明治38)	1月、旅順港占領祝捷会(農学者津田仙氏寄贈の月桂樹を東郷平八郎大将が園内に手植)。有名無名の国民から奉天戦捷記念の献木盛ん。6月、連合艦隊大勝利の東京大祝捷会。音楽堂開堂(陸海軍軍楽隊演奏)。9月5日、日露講和条約に反対した国民大会が暴動化し所謂「日比谷焼打事件」となる。10月、英国東洋艦隊歓迎大会。10・11月、帝国聯合艦隊凱旋歓迎会。12月、東京凱旋軍歓迎会。2,607円支出	
1906(明治39)	2月、英国コンノート殿下歓迎会	
1908(明治41)	10月、米国太平洋艦隊歓迎会。12月、市立日比谷図書館開館	
1909(明治42)	2月、憲法発布二十周年記念祝賀会。11月、伊藤博文侯爵国葬会場	
1910(明治43)	日比谷公園事務所ドイツ風バンガロー形式(予算8,234円)建築。東京市、井下清設計による少年用鉄棒と木製ブランコ完成	
1912(大正元)	9月、対支問題国民大会。11月、皇后宮行啓の下に愛国婦人会総会を日比谷公園で開催	
1913(大正2)	井下清設計の日本式木造すべり台設置	
1914(大正3)	2月、内閣弾劾国民大会。11月、東京市主催青島陥落祝賀会。12月、神尾将軍凱旋歓迎会会場(この月、東京停車場開設)	

西暦(和暦)	日比谷公園	公園一般
1916(大正5)	10月、立太子礼奉祝会。12月、元帥大山巌国葬	
1917(大正6)	5月、赤十字社総会会場(愛国婦人会とともにこの後数回あり)。8月、東京市長奥田義人市葬会場	明治神宮内苑着工(近代造園学の胎動、本多静六、原熙、折下吉延、上原敬二ら)
1918(大正7)		明治神宮外苑着工
1919(大正8)	5月、東京奠都(てんと)五十年祭。7月、第一次世界大戦講和条約成立祝賀会。園内児童遊園に初めて児童用ブランコ、すべり台、固定円木が完成	都市計画法公布(公園を都市計画施設として計画・整備)
1920(大正9)	6月、伊国飛行将校歓迎会。10月、全国日曜学校大会会場。東京の公園では初めての庭球場(2面)完成(その後3回の改良を経て現在の5面に。戦前より夜間照明あり)	
1921(大正10)	金華山の鹿を捕獲、園内で飼養(但し、動物舎は造らず)	
1922(大正11)	1月、侯爵大隈重信国葬。2月、公爵山縣有朋国葬。4月、英国皇太子エドワード殿下歓迎日英交歓音楽会。同4月より、東京YWCAの職員矢津春男が市の嘱託として毎週土、日曜、日比谷公園児童遊園で児童指導に当り約2年間続いた(専任児童指導員が公園に配置された初め)。10月、東宮殿下御帰朝市民奉迎会、学制発布五十年記念祝賀会。第1花壇に隣設して(現在のトレリスの下)ロックガーデンを新設し、珍しい植物を蒐集	
1923(大正12)	7月、新(大)音楽堂落成記念大音楽会(明治39年の戦役用徴発馬を繋留した折、樹木を馬が喰い荒し、樹林は修復不能、荒廃したまま放置されたので、その場所の整理も兼ねて大音楽堂が建設された。なお、従前までの音楽堂は大震災で倒壊、その後再建されたのが現在の小音楽堂)。9月1日、関東大震災で松本楼焼失。9月6日より関東大震災罹災市民の避難小屋を運動場にまとめて集団バラック144棟を建設、1,638世帯、6,130人収容(総建坪2,970坪)。9月下旬には有楽門一帯に露店街(400店余)出現。大音楽堂は大震災にも破損しなかったので野外集会場として大評判となる	関東大震災(緑地効果への認識大)。帝都復興特別都市計画法公布、東京、震災復興公園55ヵ所一挙整備
1924(大正13)	公園の復旧工事に着手。6月には東宮(摂政宮)御成婚東京市民奉祝音楽会開く。6月、東京YWCAの末田ます女史が東京市の常勤嘱託として日比谷の児童遊園	

西暦(和暦)	日比谷公園	公園一般
	(この頃、罹災者が占拠していた場所)に勤務し児童指導を実施	
1925(大正14)	5月、大正天皇銀婚式奉祝音楽会。末田らの児童遊園300坪が600坪に拡張され、一般成人と区別された子どもたちの遊び場とするため柵を設け、隣接地には大草原地も出来た。集団バラックは完全に撤去される	
1926(昭和元)	2月11日、建国祭日比谷公園で挙行される	
1927(昭和2)	5月、御大礼奉祝大演奏会。東京市公会堂の建設を認可(政治的事情から建築面積の増大を許す)。日比谷児童遊園に乱杭(飛木)、運動具を配置(この年、井下清公園課長の発意で横浜野沢組より米国製ブランコ用ボールベアリングを購入、市の公園のブランコに取付けた)	
1928(昭和3)	公園の完全復旧をみる。春、日比谷児童遊園に杉檜材を利用した高さ11尺、幅9尺平方の木製ジャングルジム(内田二郎設計)が完成。日比谷児童遊園は第3次の拡張、600坪より1,300坪となる	
1929(昭和4)	1月、日本児童遊園協会主催、東京市後援の第1回「公園凧揚会」が行われ、以後年中行事となる。翌日、庭球場で同協会主催の第1回「公園羽根つき会」開催。参加者は附近小学校生徒151人で、これも年中行事となる。3月、帝都復興祝賀会。4月、元東京市長後藤新平伯追悼会。同4月、日本児童遊園協会主催で日比谷児童遊園内に「幼児遊園」を開設。6月、同遊園に末田ます女史等を中心として「日比谷児童クラブ」が出来毎週集会あり。8月、前日飛来のドイツ飛行船ツェッペリン伯号総司令等との日独親善音楽会。10月、財団法人市政調査会による市政会館落成式・日比谷公会堂を東京市へ授受	
1931(昭和6)	4月、シャム国(タイ国)両陛下奉迎市民花祭り大会。7月、元寇650年祭。8月29日、前首相浜口雄幸民政党葬を日比谷公園で挙行	国立公園法公布
1932(昭和7)	2月、ワシントン生誕200年祭。9月、オリンピック馬術選手歓迎乗馬大会。10月、在郷軍人大会	
1938(昭和13)	3月、日伊親善のためにムッソリーニ伊首相からローマの牡狼像が寄贈される	

西暦(和暦)	日比谷公園	公園一般
1939(昭和14)		東京緑地計画策定(環状緑地、普通公園、自然公園、行楽道路、景園地)
1941(昭和16)	金属回収のため外柵を撤収	
1945(昭和20)〜**1949**(昭和24)	日本敗戦。松本楼や園地は駐留軍(GHQ)に接収される	
1951(昭和26)	公園の復旧事業はじまる	
1952(昭和27)	5月1日、メーデー大混乱。第2の焼打に似る。10月、米市民有志からの「自由の鐘」、日本新聞協会を経て寄贈される(三笠山に設置)	
1953(昭和28)	6月、米国シアトル市長より、第一回日本博(1951年6月)記念としてトーテムポール寄贈。日比谷茶廊店主より亀の噴水寄贈	
1954(昭和29)	11月、大音楽堂復旧。東京都公園協会設立総会を公園内の松本楼で開催	土地区画整理法公布(公園3%保留条項)
1955(昭和30)	この年度に陳列所の改修すすむ	
1956(昭和31)		都市公園法公布(整備水準、配置標準、管理規準、公園内建蔽率2%以下)
1957(昭和32)	10月、都立図書館竣工。公会堂大改造工事本格化。スカンジナビア航空より北極航路開設碑(古代スカンジナビア碑銘譯)寄贈	
1958(昭和33)	春の野外彫刻展開催。10月、営団地下鉄丸の内線、園地の中央地下を貫く	
1959(昭和34)	日比谷公会堂における社会党大会において浅沼稲次郎委員長刺殺される	
1960(昭和35)	日比谷画廊改築。5月、日本道路公団による地下駐車場が完成	
1961(昭和36)	9月、大広場に噴水とテレス付き沈床芝生完成	
1962(昭和37)	霞門側の桜田通りの公園敷地が道路拡張で5,634㎡削られる	都市の美観風致を維持するための樹木の保存に関する法律
1963(昭和38)	新製品白色セメントを使用した野外彫刻展が開催。11月、(財)東京都公園協会『日比谷公園ものがたり』(前島康彦執筆の小冊子)発行	

日比谷公園生活史年表

西暦(和暦)	日比谷公園	公園一般
1964(昭和39)	明治期の日比谷公園管理事務所を、東京都公園協会が公園資料館として一般に公開	
1965(昭和40)	日比谷公園と宮崎県立平和台公園が姉妹公園となる	
1966(昭和41)		古都における歴史的風土の保存に関する法律公布
1967(昭和42)	晴海通り拡張のため公園敷地が削られる	首都圏近郊緑地保全法公布
1970(昭和45)	児童指導員のいる児童遊園運営が、新聞による批判によって廃止となる	
1971(昭和46)	11月19日、沖縄返還協定批准反対全国統一行動とあわせて、過激派学生グループ日比谷、銀座等で火炎ビン投げの暴挙あり。松本楼、日比谷花壇に放火。松本楼は全焼し、死傷者を出す	
1972(昭和47)		第1次都市公園等整備5ヵ年計画はじまる
1973(昭和48)	松本楼は現在の形に再建され、10円カレーチャリティを開始。都市公園制度制定百周年記念全国大会で、日比谷公園にて都民シンフォニーコンサートなど開催される	都市緑地保全法公布。工場立地法改正(敷地の20%緑化義務)
1974(昭和49)	公園北西隅の国有地が追加開園	生産緑地法公布
1976(昭和51)		OECD環境政策レビュー(公害防止からアメニティへ)
1979(昭和54)	日比谷公園50周年記念事業開催	
1980(昭和55)	8月、東京公園文庫第1号として、前島康彦『日比谷公園』(郷学舎、B6判、96頁)刊行	
1982(昭和57)	折からの緑化運動の潮流を受けて、園内S字型大園路に植栽帯を加えて緑化道路化する	
1983(昭和58)	小音楽堂・大音楽堂が完成(宝くじの助成による)。3月、東京都が「文化デザイン」事業の一環としてソーラー時計を設置。7月、進士五十八ほか「日比谷公園の総合的研究」(1〜8)(昭和58年度日本建築学会関東支部研究報告集第34巻 pp.145-176)全8報発表	
1984(昭和59)	第2回全国都市緑化フェア・東京の開催会場となる。新祝田門が完成	
1985(昭和60)	日比谷公会堂が東京都公園協会の管理となる	

西暦（和暦）	日比谷公園	公園一般
1986（昭和61）	公園北西隅に、噴水池とかもめの広場が完成し開園する。	第4次都市公園等整備5ヵ年、3兆1100億円（グリーンフィットネスパーク、リゾートパーク、アーバン・エコロジーパーク、クラフトパーク、イベントパーク、ふるさと公園）
1990（平成2）	東京都の緑の相談所・日比谷グリーンサロンが完成	大阪鶴見、国際花と緑の博覧会開催
1993（平成5）	開設90周年を記念し、「日比谷公園とわたし―思い出とみどり」展開催	
1994（平成6）	6月、東京都公園協会から『日比谷公園学講座』発行（1993年6月～94年3月に日比谷グリーンサロンの企画した全8回講演をまとめたもの）	
1995（平成7）		阪神淡路大震災。都市緑地保全法改正により、「緑の基本計画」策定義務化
1998（平成10）	東京都緑の図書室（都立戸山公園）、都内5ヵ所の東京都緑の相談所（日比谷・木場・上野・水元・神代）の統合、機能強化を図るために行政部局を改組し、東京都緑の情報センターを設置。日比谷公園に本部を置く	「21世紀の国土のグランドデザイン」（第五次全国総合開発計画、地域の自立の促進と美しい国土の創造）
2000（平成12）	緑の相談所・緑の情報センターを廃止し、東京都公園協会の「緑と水の市民カレッジ」に移行	
2002（平成14）	日比谷公園を舞台とした小説『パーク・ライフ』（文藝春秋）で吉田修一氏が第127回芥川賞を受賞	自然再生推進法公布
2003（平成15）	4月より1年間、日比谷公園100周年記念事業を次々と開催（「目でみる日比谷公園100年の歩み」展、ガーデニングショー、パークテント、バースデーコンサート、パークウエディングなど）。ガーデニングショーは以後、小音楽堂と公会堂の間の広場を主会場として毎年開催（東京都都市緑化基金、東京都造園緑化業協会などが主催）	環境の保全のための意欲の増進及び環境教育の推進に関する法律公布。国土交通省、美しい国づくり政策大綱、NPO法人美（うま）し国づくり協会設立
2004（平成16）	7月、『日比谷公園100年記念事業報告書・21世紀の都市公園づくり』（同実行委員会）刊行	景観・緑三法成立（景観法・都市緑地法など）
2005（平成17）	本場ドイツの「オクトーバーフェスト」が日比谷公園内を特設会場としてスタート。以後、毎年秋季に開催（民活イベント）	

西暦(和暦)	日比谷公園	公園一般
2006(平成18)	11月、ニッポン放送のイベント「THEラジオパーク in 日比谷」が園内貸し切りで開催(2008年までの3年間)	
2007(平成19)	10月、第1回日比谷公園の活性化および周辺まちづくりに係る懇談会(東京都公園協会と日建設計総合研究所で企画、以後、5年継続)。日比谷公園で、「TOKYO FANTASIA 2007」が初開催。高さ42mの日本一のクリスマスツリーと4つの精霊(土・水・火・風)と光のアーチで彩られ、好評を博す	21世紀環境立国戦略
2008(平成20)	「公園の中心で妻に愛を叫ぼう」イベント第一回開催。1月31日の「愛妻の日」を前に、日比谷公園大噴水の前で毎年40〜50名の男性が妻や恋人に向かって愛の言葉を絶叫するイベント。日比谷花壇と日本愛妻家協会の主催で以後、毎年開催。12月末、世相を反映してか「派遣切り」によって派遣先から解雇された元派遣社員らの支援を目的とした「年越し派遣村」が開設される(2009年1月まで)	地域における歴史的風致の維持及び向上に関する法律(歴史まちづくり法)公布
2009(平成21)	11月、日比谷公会堂建設80周年を記念し、警視庁音楽隊と東京消防庁音楽隊によるクリスマス・フリーコンサートが開催される	
2010(平成22)	11月、農業従事者と生活者・消費者との交流、農業の大切さを子どもたちに伝えることを目的として、「第1回食と農の祭典ファーマーズ&キッズフェスタ2010」が日比谷公園で開催される	
2011(平成23)	2月、東京都公園協会緑と水の市民カレッジ主催、日比谷公園の生き物観察・冬編開催。終戦後、米国から贈られ、日比谷公園に設置された「自由の鐘」に、長く失われたままだった振り子が3月に取り付けられ、59年ぶりに音を奏でる	平成21年度都市公園等整備現況調査で都市公園箇所数が計98,568(うち総合公園1,304、国営公園16)、面積は116,667ha(うち総合公園24,155ha、国営公園2,819ha)。整備水準は9.7㎡/人(昭和35年当時は約2.1㎡/人)

参考文献

日比谷公園関連

末田ます著『児童公園』清水書房、1942年

東京都建設局公園緑地部編『東京の公園百年』東京都広報室都民資料室、1975年

本多静六著『わが処世の秘訣——幸福・成功』実業之日本社、1978年

本多静六著『本多静六自伝 体験八十五年』実業之日本社、2006年

日本公園百年史刊行会編『日本公園百年史』同刊行会発行、1978年

芦原義信『街並みの美学』岩波書店、1979年

前島康彦著『日比谷公園』東京都公園協会、1980年（改訂版1994年）

前島康彦著『東京公園史話』東京都公園協会、1989年

進士五十八編『東京農業大学造園学科六十年史』同学科、1984年

進士五十八、小出茂著「住所なき人々の生活学——大都市最後の自由空間・公園」『春秋生活学』創刊号、小学館、1987年

井出久登編『東京大学緑地学研究室六十年史』同研究室、1990年

佐藤昌監修『高村弘平——一造園家の足跡』同書刊行委員会、1991年

進士五十八著「歴史的公園の保存と再生」『造園雑誌』55巻3号、1992年

進士五十八著『アメニティ・デザイン』学芸出版社、1992年

鈴木哲、樋口忠彦、進士五十八、小林治人、高野文彰著『公園づくりを考える』技報堂出版、1993年

進士五十八著「日比谷公園の100年」、樋渡達也著「日比谷公園100年の歩み」、川本三郎著「描かれた日比谷公園」、深水享子著「日比谷公園の花」、上田良就著「日比谷公園の木々」、以上すべて東京都公園協会編「特集 日比谷公園開園100年」『都市公園』161号所収、東京都公園協会、2003年

田島弘之著「日比谷公園100年事業報告」『都市公園』165号、2004年7月

田中正大著「日比谷公園の設計——石黒忠悳と本多静六」『都市公園』165号、東京都公園協会、2004年7月

日比谷公園100年記念事業実行委員会事務局編『日比谷公園100年記念事業報告書 21世紀の都市公園づくり』同委員会発行、2004年

進士五十八著「日比谷公園からの発想（1）～（12）」『都市公園』東京都公園協会発行、2006年7月～2009年3月

進士五十八著「多様性からのランドスケープ論」第47回国際造園会議世界大会（中国蘇州市）、2010年5月（SHINJI, Isoya: Diversity and Landscape Theory, Towards Achieving Biodiversity in the Natural Environment, Lifestyle Diversity in the Social Environment, and Landscape Diversity in the Cultural Environment., The 47th IFLA World Congress Proceedings. 28, May, 2010, Suzhou chine）雑誌／進士撰文、李玉紅編訳、从多様性展開的風景論、『中国園林』2010年7月号、IFLA第47回報告

震災・戦災関連

『大正震災志』内務省社會局、1926年

『東京都戦災誌』東京都、1953年

井下清「震災と緑地」『都市問題』東京市政調査会発行、1965年9月

井下清関連

長岡安平著、井下清編『祖庭長岡安平翁造庭遺稿』文化生活研究会、1926年

長岡安平顕彰事業実行委員会編『祖庭長岡安平——わが国近代公園の先駆者』東京農業大学出版会、2000年

井下清著「道路樹木の研究」『庭園』日本庭園協会、1919年
井下清著『街路樹』東京市政調査会、1925年
井下清著『街路並木』全国市長会、1958年
井下清著「公園経営の財源と自営策」『都市問題』東京市政調査会、1927年8月
前島康彦編『都市と緑——井下清著作集』東京都公園協会、1973年
前島康彦編『井下清先生業績録』井下清先生記念事業委員会、1974年

調査・研究報告書

進士五十八、鈴木誠、水口聡子著「日比谷公園の総合的研究(1)、歴史的積層空間としての日比谷公園の性格と生活史的考察」『昭和58年度日本建築学会関東支部研究報告集第54巻』1983年7月
進士五十八、鈴木誠、柴田裕美著「日比谷公園の総合的研究(2)、公園利用実態の24時間調査による空間生態学的考察」『昭和58年度日本建築学会関東支部研究報告集第54巻』1983年7月
進士五十八、鈴木誠、須之部大、桂川孝裕著「日比谷公園の総合的研究(3)、利用者生態の類型的把握による園内単位空間特性の考察」『昭和58年度日本建築学会関東支部研究報告集第54巻』1983年7月
進士五十八、鈴木誠、小出茂著「日比谷公園の総合的研究(4)、利用者の意識レベルからみた日比谷公園の利用特性と園内単位空間の評価に関する考察」『昭和58年度日本建築学会関東支部研究報告集第54巻』1983年7月
進士五十八、鈴木誠、伊藤大地著「日比谷公園の総合的研究(5)、都市および東京の中で“日比谷公園”に対する社会的認識の考察」『昭和58年度日本建築学会関東支部研究報告集第54巻』1983年7月
進士五十八、鈴木誠、清水松次著「日比谷公園の総合的研究(6)、園内単位空間のイメージ因子と空間構成の対応関係の心理的空間評価法」『昭和58年度日本建築学会関東支部研究報告集第54巻』1983年7月
進士五十八、鈴木誠、新畑朋子、酒巻紫著「日比谷公園の総合的研究(7)、ベンチの占有頻度とベンチ空間の心理的評価並びに空間の物理的条件の関係についての考察」『昭和58年度日本建築学会関東支部研究報告集第54巻』1983年7月
進士五十八、鈴木誠著「日比谷公園の総合的研究(8)、日比谷公園に関する総合的研究の意義と各調査研究方法の有効性並びに問題点の考察」『昭和58年度日本建築学会関東支部研究報告集第54巻』1983年7月
「日比谷公園再生基本計画調査委員会報告書」東京都公園緑地部、1992年3月
進士五十八著「歴史的風致の概念とそのランドスケープ的意義」『ランドスケープ研究72(2)』2008年8月

その他

富本光郎、山本實著『圖説花壇と花』三省堂、1936年
ケヴィン・リンチ著、丹下健三、富田玲子訳『都市のイメージ』岩波書店、1968年
小坂祐弘著『松本樓の歩み』日比谷松本楼、1973年
ロバート・フルガム著、池央耿訳『人生に必要な知恵はすべて幼稚園の砂場で学んだ』河出書房新社、1990年
吉田修一著『パーク・ライフ』文藝春秋、2002年
中島直人著『都市美運動——シヴィックアート の都市計画史』東京大学出版会、2009年